Pensar o somático
Imaginário e patologia

Dados Internacionais de Catalogação na Publicação (CIP)
(Câmara Brasileira do Livro, SP, Brasil)

Sami -Ali
   Pensar o somático : imaginário e patologia/ Sami-Ali ; tradução Jean Briant. — São Paulo : Casa do Psicólogo, 1995.

   Bibliografia.
   ISBN 85-85141-51-4

1. Manifestações psicológicas de doenças 2. Medicina psicossomática I. Título

95-1061   CDD-616.08

Índice para catálogo sistemático:

1. Manisfestações psicológicas de doenças : Medicina psicossomática 616.08
2. Medicina psicossomática 616.08

Capa: *Sereia, grifo e borboletas.*
Pintura romana, proveniente dos arredores de Roma, não datada.
Museu do Louvre, Paris.
Foto de H. Josse © Arquivos Photeb.

Editor: Anna Elisa de Villemor Amaral Güntert

Preparação de originais: Ruth Kluska Rosa

Composição Gráfica: MCT — Produções Gráficas

psiquiatria e psicanálise
coleção dirigida por Latife Yazigi

Sami-Ali

Pensar o somático
Imaginário e patologia

Tradução:
Jean Briant

Casa do Psicólogo®

Do original:
Penser le somatique — Imaginaire et pathologie

© 1995 Casa do Psicólogo Livraria e Editora Ltda.
© 1987 Bordas, Paris

Reservados os direitos de publicação em língua portuguesa à
Casa do Psicólogo Livraria e Editora Ltda.
Rua Alves Guimarães, 436 — CEP 05410-000 — São Paulo — SP
Fone (011) 852-4633   Fax (011) 64-5392

É proibida a reprodução total ou parcial desta publicação, para qualquer
finalidade, sem autorização por escrito dos editores.

Impresso no Brasil / *Printed in Brazil*

" Nada seríamos, não fosse a imaginação."
Ibn Arabi
(1164-1240)

Sumário

Introdução 1

I   **Da Somatização**
    Um modelo multidimensional 5

II   **Da Histeria**
    Uma teoria psicossomática 37
    Primeira parte 37
    Segunda parte 60
    1. *Anna O.* 61
    2. *Miss Lucy R.* 68

III   **Da Psicose**
    Uma teoria psicossomática 73
    1. *Hipocondria — Paranóia* 79
    2. *Alergia — Psicose* 90
    3. *Hospitalismo — Autismo* 105
    4. *Patologia da adaptação — Doença orgânica*. 123

IV   **Do Impasse**
    Outros dados 137

Conclusão 157

Bibliografia 165

Introdução

Fora do campo da psicanálise, pensar o somático em relação com o psíquico exige de pronto uma metodologia objetiva que se aplique a dados clínicos suficientemente circunscritos para que se elabore a noção de "doença psicossomática". Tal metodologia consiste em correlacionar, tão rigorosamente quanto possível, duas ordens de parâmetros, psíquicos e somáticos, a fim de definir, em termos ora descritivos, tirando-os da caracterologia, ora deliberadamente dinâmicos, destacando os fatores inconscientes do conflito, um perfil psicológico particular. Cada disciplina médica trata então de agrupar síndromes específicas ao redor de um quadro que, ele também, se quer específico[1]. Historicamente, esse foi o primeiro procedimento adotado, o qual, aliás, continua orientando a pesquisa clínica e experimental no campo da medicina psicossomática[2]. Seu valor heurístico é inegável, assim como a possibilidade que ele oferece para a verificação de certas hipóteses, particularmente quando as variáveis relacionadas pertencem ao mesmo tempo à patologia humana e animal[3].

---

1 Ver especialmente F. Alexander, T. French, G. Pollock. *Psychosomatic Specificity.* University of Chicago Press, Chicago, 1968.

2 Ver especialmente F. Dubar. *Emotions and Bodily Changes.* Columbia University Press, Nova York, 1954. R. Kaufman (Edit.). *Evolution of Psichosomatic Concepts. Anorexia Nervosa: A Paradigm.* International University Press, Nova York, 1970; O.Hill (Edit.): *Modern Trends in Psychosomatic Medicine,* 2, Butterworths, Londres, 1970.

3 Ver por exemplo R. Ader e S. Friedman "Social factors affecting emotionality and resistance to disease in animals: V. Early Separation from the mother and response to a transplanted tumor in the rat". *Psychosomatic Medecine,* 27, nº 2, 1965.

Mas a dificuldade é outra. Ela está, em primeiro lugar, na proliferação perigosa dos perfis psicológicos que, mesmo não se contradizendo verdadeiramente, não deixam aparecer nenhuma coerência, nenhum isomorfismo além do psíquico e do somático. Está, em seguida, na própria idéia de especificidade, que não poderia ser mantida em face das sintomatologias mistas, em face também da variabilidade sintomática, graças à qual vêm alternando no mesmo indivíduo[4] as mais diversas e menos esperadas somatizações. Está, finalmente, na impossibilidade de chegar, pela multiplicação do mesmo procedimento empírico, a uma visão de conjunto que se aproxime, por pouco que seja, de uma teoria compreensiva. O que põe em questão a somatização talvez seja menos o tipo de personalidade que a própria natureza do conflito, o qual, além do mais, não precisa articular-se com uma qualquer "doença psicossomática".

Se, até prova em contrário, a psicanálise parece ser o único quadro de referência capaz de fornecer uma teoria da psicossomática, isso, no que nos diz respeito, não se poderia efetuar sem uma reflexão radical sobre o modelo freudiano de somatização com vistas a determinar os postulados que o orientam, o que ele objetiva e em que condições o objetiva. Só agindo assim, sem se fechar num sistema prévio, é que se torna possível chegar a uma nova problemática que, antes de qualquer dicotomia, abra-se simultaneamente ao psíquico e ao somático. O que aqui está em causa é a própria definição do psíquico e do somático, assim como as múltiplas relações que os ligam um ao outro, as quais revelam-se de uma complexidade insuspeitada que exige ser pensada de outra forma e, em todo caso, não se reduz às noções clássicas de apoio, complacência somática e atual enquanto núcleo do neurótico. Se existe uma lacuna no modelo freudiano de somatização, de resto não alheio a certas rupturas do movimento psicanalítico, quando tudo é concebido em termos de aparelho psíquico, ela prende-se, por um lado, ao estatuto teórico do corpo e, por outro, à questão fundamental da projeção, que ficou suspensa, tanto no domínio da

---

4 Ver Sami-Ali. *Corps réel, corps imaginaire*, p. 96 *sq*, Dunod, Paris, 1984.

Introdução

psicose paranóica em sua relação com a hipocondria, quanto naquele mais geral do processo de elaboração onírica. São dois aspectos inseparáveis da mesma aporia, que remetem um e outro a uma só e única interrogação, que, para nós, diz respeito ao imaginário e ao corpo na sua dupla vinculação ao imaginário e ao real.

O que fica demonstrado ao longo das pesquisas relatadas na presente obra é que o imaginário determina positiva e negativamente todo o funcionamento psicossomático. Trata-se do imaginário enquanto função que se atualiza, em oposição ao real, numa seqüência ininterrupta de fenômenos, correspondente ao sonho e a seus equivalentes em estado de vigília, os quais vão do delírio e da alucinação ao fantasma mais transparente. Ora, longe de ser imagens cuja realidade é a de refletirem a realidade, essas são umas tantas variantes da atividade primordial do sonho, ocorridas em outras circunstâncias que não as do sonho. Nelas, projeta-se uma subjetividade que se constitui, por meio do corpo, como esquema de representação, constituindo um espaço, um tempo e um objeto. No cruzamento do subjetivo e do objetivo, do sonho e da percepção, do afeto e do pensamento, o corpo próprio está envolvido de imediato numa relação com o outro, cuja singularidade está em preceder os próprios termos que ela liga, em permear todas as representações. Isso, aliás, não impede, ou muito pouco, que a representação, ao banalizar-se numa linguagem verbal ou pictural institucionalizada, possa desvincular-se da subjetividade e perder toda a carga subjetiva. A continuidade de um funcionamento não poderia então ser pensada senão por um movimento que vá sem cessar de um extremo para outro e no decorrer do qual os termos opostos determinam-se reciprocamente. Esse é o princípio que preside à elaboração do modelo multidimensional de somatização, implícito em todas as nossas investigações anteriores, e que esboçamos aqui, pela primeira vez, com a preocupação de definir as doze dimensões que o caracterizam por pares de conceitos antitéticos. Categorias para pensar o somático, esses conceitos permitem apreender este ao termo de uma análise que não visa uma totalidade dialética, mas a unidade intuitiva de um funcionamento.

Se uma teoria da psicossomática concebe-se a partir do imaginário, ela tem a obrigação de, evitando a simplificação, explicar os fenômenos de somatização em toda sua extensão. Por isso, distinguem-se três modalidades de somatização, ou seja, o figurado, o literal e o neutro, em que se trava, diferentemente cada vez, de uma maneira positiva ou negativa, a relação com o imaginário. O que se encontra modificado com isso é a própria concepção da patologia, que, para nós, define-se em relação ao imaginário enquanto função. Três formas maiores são assim isoladas: ao fracasso do recalque corresponde a psicopatologia freudiana na qual a somatização pertence exclusivamente ao figurado; ao sucesso do recalque, a patologia da adaptação em que predominam o literal e o neutro; e à oscilação entre recalque fracassado e recalque mantido, uma patologia mista na qual alternam o figurado, o literal e o neutro.

A somatização, porém, não é causada tão-somente por fatores internos. Esses só se tornam determinantes em situações de impasse. Por isso é que a teoria trata de analisar a estrutura lógica fundamental que se articula com o impensável da contradição. Aqui convergem todas as possibilidades evolutivas do sujeito, e é da superação do impasse que depende o equilíbrio final no qual se decide entre caráter, neurose, psicose, doença e saúde.

I Da Somatização
Um modelo multidimensional[1]

1. Pensar o somático em psicanálise é, ao mesmo tempo, pensar os limites da psicanálise. Duplo movimento por meio do qual se elabora um pensamento que se afirma por aquilo que o nega, se determina por aquilo que o ultrapassa e, desde a origem, abre-se para uma problemática fundamental. Essa diz respeito ao estatuto do psíquico em psicanálise e à possibilidade que se tem de representar-se o psíquico dando-lhe a forma de um "aparelho" em que se condensam o qualitativo e o quantitativo, o espacial e o temporal, o imaginário e o real. A problemática que se esboça desta forma e corresponde ao questionamento mais profundo da psicossomática volta no momento em que o psíquico está, a uma só vez, isolado e posto em relação com o somático, e o objeto da psicanálise está em vias de constituição. Constituição que faz a existência do objeto depender de um esquema teórico preexistente cuja validade, por sua vez, depende da existência do objeto. Trata-se então de ir ao encontro, não do objeto enquanto tal, mas do processo de objetivação, muito próximo ainda das certezas e incertezas iniciais e que faz aparecer o objeto como o limite para o qual tende sem cessar esse mesmo processo.

---

1 Este capítulo desenvolve e aprofunda uma primeira versão publicada com o título "Penser le somatique", in Nouvelle revue de psychanalyse, 25, 1982. Artigo que prefigura o principal argumento da presente obra.

6   *Pensar o somático — imaginário e patologia*

A concepção do somático em Freud acha-se envolvida numa elaboração sistemática que, simultaneamente, o integra como aquilo em que o psíquico se apóia e o reconhece como aquilo que não pode se integrar a ele. Centro e periferia de um procedimento coincidem com um campo onde o somático se define positiva e negativamente. Tal definição pertence ela própria a um modelo teórico cuja finalidade em Freud é a de articular o somático e o psíquico em torno da oposição do atual e do neurótico. *Modelo bidimensional*, portanto, que se esforça por reunir, na mesma compreensão sistemática, duas formas extremas de somatização. Interrogar esse modelo sobre sua pertinência, sua coerência interna, suas vicissitudes históricas, permitirá traçar-lhe os limites internos tanto quanto externos.

Devem ser considerados três níveis de articulação.

O primeiro nível, nosográfico, consiste em admitir que, invariavelmente, os sintomas das psiconeuroses são aquilo que se dá, num processo de recalque, com o recalcado, com o fracasso do recalque e com a volta do recalcado. Tais sintomas, em que se aliam o recalcado e o recalcante, estão providos de um sentido que lhes determina o próprio ser, *sentido primário*, por excelência. Nesse ponto eles se distinguem radicalmente das neuroses atuais (neurastenia, neurose de angústia e hipocondria) cuja patologia reflete diretamente, sem mediação psíquica, uma economia sexual perturbada. Economia, essa, que Freud concebe analogicamente como um processo metabólico no decorrer do qual a "toxina sexual", submetida a demasiada ou insuficiente descarga, revoluciona o equilíbrio psíquico tanto quanto o somático. Por isso é que se criam, na confluência do psíquico e do somático, estados de equilíbrio último em que o funcionamento se estabiliza em torno de algumas formas privilegiadas, as quais são formações sintomáticas provenientes da transformação do quantitativo em qualitativo. A ebriedade fornece um exemplo disso, tanto no sentido próprio como no figurado. Eis porque os sintomas que nascem dessa transformação são, como na histeria, corporais, porém, corporais difusos, lábeis, sem lugar preciso para se fixarem. Nervosismo mais que neurose, suscetível de se particularizar sob os traços de sintomas que, em si mesmos, "não têm nenhuma significação psíquica"[2], mas que podem adquirir uma, retrospectivamente, ter um *sentido secundário* que se soma à sua existência, sem criá-la. Descarga em demasia ou insuficiente: é isto que caracteriza a patologia do atual. Regida por uma alquimia quantificável em que o mais e o menos são "somas de excitações" que se somam ou anulam, essa patologia coordena, em cada nível alcançado pela excitação sexual, uma sintomatologia específica. Assim, para além da diversidade dos fatores etiológicos, ao excesso de descarga inadequada (masturbação) corresponde a neurastenia, e à ausência de descarga (abstinência), a neurose de angústia e a hipocondria. Há uma simetria entre a angústia, neste caso, e a depressão na neurastenia, e só a direção que vai tomar, segundo se desloca para o mundo exterior (neurose de angústia), ou se desvia para o próprio corpo (hipocondria), faz dela uma síndrome neurótica ou psicótica.

Neuroses atuais e psiconeuroses são manifestações múltiplas da única energia sexual. Entre umas e outras, é constante a relação que autoriza a definição do segundo nível de articulação.

Trata-se, com efeito, de nível genético, já que Freud vê nas neuroses atuais "a fase preliminar" das psiconeuroses, e na transição de umas para outras, assim como o exige o evolucionismo, a passagem do simples para o complexo. Daí uma genealogia que vai do somático ao psíquico, estabelecendo-se uma seqüência da neurastenia para a histeria de conversão, da neurose de angústia para a histeria de angústia, da hipocondria para a parafrenia (demência precoce e paranóia). Mais do que uma sucessão no tempo, trata-se de uma superação e de uma conservação, cada psiconeurose encerrando um "núcleo" de neurose atual.

O terceiro nível de articulação, teórico, reconhece no apoio a base da transformação das neuroses atuais em psiconeuroses. Essa transformação obedece ao princípio geral segundo o qual o neuró-

---

2 S. Freud. *Introduction à la psychanalyse*, p.415, Payot, Paris, 1966.

tico repousa sobre o atual como o psíquico sobre o somático, de maneira que uma afecção corporal real antiga pode produzir uma conversão histérica que a integra e atualiza.

Embora esses três níveis de articulação formem um todo, o segundo nível não deixa de levantar uma dificuldade que questiona a própria coerência do modelo. De fato, genital nas neuroses atuais, a sexualidade é pré-genital nas psiconeuroses, de sorte que colocar as neuroses atuais antes das psiconeuroses é o mesmo que colocar o genital antes do pré-genital, o adulto antes do infantil! Essa contradição é encoberta por um procedimento sistematizante, inspirado e guiado pelo evolucionismo, que, por toda a parte, dispõe os fenômenos biológicos, sociais e psíquicos em séries completas, segundo uma ordem crescente de complexidade.

Freud, como se sabe, nunca se mostrou satisfeito com a sua concepção das neuroses atuais: não surgiu dela nada de coerente, confessa. "Lacuna desagradável"[3] que, no entanto, não o estimula nem a preenchê-la, nem a renunciar ao modelo bidimensional de somatização.

Sem abandonar esse modelo, os comentadores mais autorizados de Freud parecem, a uma só vez, não se dar conta da existência de uma contradição e se esforçar por neutralizá-la. Desse ponto de vista, Nunberg é exemplar. Depois de ter subscrito à etiologia masturbatória na neurastenia, Nunberg reconhece que a razão por que a masturbação é a causa do sintoma neurastênico "não está totalmente clara"[4], tanto mais porque a parte atribuída ao sentimento de culpabilidade que a acompanha parece determinante. Eis ele então sugerindo, pelo fato de a masturbação da adolescência repetir a da infância, que o sentimento de culpabilidade deve ter sua origem na "constelação edipiana", "núcleo inconsciente da neurose ulterior"[5]. Por outro lado, sem fazer intervir de forma

---

3 Carta a E. Jones, citado por este em *Sigmund Freud*, II, Hogarth Press, Londres, 1955, pp.502-503. Texto vertido de forma inexata na tradução francesa.
4 H. Nunberg. *Principes de psychanalyse*, p.192, P.U.F., Paris, 1957.
5 *Ibid.*, p.194.

alguma uma instância como o superego, Nunberg trata de deduzir automaticamente o sentimento de culpabilidade. "A masturbação, diz, não proporciona nunca uma satisfação sexual total, pelo menos no domínio psíquico, uma vez que não existe objeto real. A agressão, de mistura com a pulsão libidinal, transforma-se então em necessidade de punição"[6].

Como se vê aí, a masturbação em si não é patogênica. Só se torna tal por causa do sentimento de culpabilidade que a acompanha e remete à situação edipiana. Reconhecer esse fato, longe de acrescentar mais um fator etiológico, mostra, pelo contrário, que o atual é que se apóia no neurótico, não o inverso. A contradição está aí, incontornável.

Dá-se o mesmo na hipocondria, em que, diz Nunberg, "o medo e a espera da punição, ligados ao sentimento de culpabilidade, tomam conta das sensações corporais, carregadas de desprazer e criadas pela masturbação"[7]. Cita o caso de um homem que, tendo praticado durante muito tempo o coito interrompido, apresenta uma angústia corporal hipocondríaca. "O doente sentia no corpo todo aquilo que outro homem experimenta nos seus órgãos genitais quando sexualmente excitado. Identificava seu corpo todo com os órgãos genitais... O medo de perder partes do corpo correspondia inconscientemente ao medo de perder os órgãos genitais; tratava-se então de angústia de castração. Como conseqüência da perturbação da descarga dos produtos sexuais no momento do coito, ocorria aparentemente uma acumulação libidinal que se estendeu ao corpo todo... O Eu se defendeu contra os sentimentos de dor que se haviam assim constituído, com o auxílio da antiga angústia de castração inconsciente, a qual se expressou então nas sensações e nos temores hipocondríacos[8].

Essa demonstração apóia-se numa petição de princípio, uma vez que a angústia de castração está aqui intensa o bastante para impe-

---

6 *Ibid.*, p.194.
7 *Ibid.*, p.196.
8 *Ibid.*, pp.196-197.

dir qualquer satisfação sexual. É, portanto, a angústia que explica que se recorra ao coito interrompido, causa presumida da hipocondria, e não o contrário. A tensão sexual dolorosamente sentida no corpo inteiro, e correspondente à hipocondria, tal como Freud a entende, quando o corpo "torna-se o órgão genital em estado de excitação"[9], não é algo atual que se elabora posteriormente: ela é de pronto esta mesma angústia. Que, em contrapartida, uma tensão sexual real possa combinar-se com outras manifestações neuróticas, o fato é patente, mas não prova de forma nenhuma que a hipocondria manifeste diretamente uma economia sexual perturbada. Esquece-se então que o atual não é a neurose atual.

Impossível, portanto, não levar em conta a contradição. Aí, de fato, nada de "coerente". As sutilezas dialéticas não ajudam em nada, elas criam um círculo vicioso, onde já se completou o raciocínio. Tudo se passa como se, posto no interior do sistema freudiano, o problema de articulação das neuroses atuais e das psiconeuroses não pudesse encontrar solução. Na lógica do sistema, existe uma única alternativa: a contradição ou o círculo vicioso. Está-se numa encruzilhada. Talvez existam outras possibilidades...

Historicamente, a aporia freudiana foi o ponto de partida de duas interpretações divergentes que, em Reich e Groddeck, foram destinadas a acabar com a contradição. Todavia, a coerência lógica, no caso, é fruto de uma simplificação: obtém-se pela supressão de uma das teses contraditórias, não pela superação de uma contradição que não deixa de conter um "núcleo" de verdade. Por isso é que, conforme se reduz o neurótico ao atual ou o atual ao neurótico, elabora-se um modelo de somatização *unidimensional*.

Reich foi o primeiro a perceber que a concepção freudiana das neuroses atuais e das psiconeuroses constitui "uma mistura perigosa de visões científicas fundamentalmente incompatíveis[10]. Tomando precisamente o caso da angústia: ela é somática nas neuroses atuais, psíquica nas psiconeuroses. Trata-se de uma dicotomia,

---

9 S. Freud. "Pour introduire le narcisisme", *in La vie sexuelle*, p.90, P.U.F., Paris, 1969.
10 W. Reich. *La fonction de l'orgasme*, p.80. L'Arche, Paris, 1952.

indo de encontro com o fato de que Freud "postulava para sua psicologia do inconsciente uma base fisiológica que ficava por estabelecer" (p.58). Existe aí "uma contradição séria na teoria psicanalítica" (p.58), que Freud "nunca resolveu" (p.76).

A solução de Reich é "simples": afirmar que toda psiconeurose possui um núcleo de neurose atual e todas as neuroses atuais uma superestrutura psiconeurótica. Diferente de Freud, porém, Reich assimila as neuroses atuais à neurose de angústia, lugar de articulação ideal do atual e do neurótico. No caso, a superestrutura psiconeurótica, que, por outro lado, Reich estende ao caráter e à sua "ancoragem" muscular na "couraça caracterial", tem como função conter uma estase sexual, *genital*, que se manifesta sob a forma de angústia. É que "sexualidade e angústia representam duas direções opostas da excitação vegetativa" (p.110), conforme esta se descarrega no orgasmo ou, à falta de descarga, transforma-se em angústia. Assim, "a obstrução do sistema vasovegetativo pela energia sexual não descarregada é o mecanismo fundamental da angústia e, por conseguinte, da neurose" (p.110). Cada neurose tem sua forma particular de distúrbio da genitalidade, distúrbio inscrito e legível no corpo a tal ponto que se pode "apreender o inconsciente não mais nos seus derivados, mas na sua realidade"[11] (p.246). Sem dúvida, em Reich, o sexual é o genital, o qual, além disso, não se distingue do biológico. Dupla identificação, de fato: o sexual é vital, o vital é sexual, de sorte que "em tudo o que é vivo trabalha a energia sexual vegetativa" (p.96), energia assimilável à "bioeletricidade", pois que no orgasmo "a contração muscular dá-se junto com uma descarga de energia elétrica" (p.216). Daí asserções extremas, justificadas por um monismo integral que postula a identidade das pulsões psíquicas e somáticas. Afirma, por um lado, que a inibição da respiração, por que se traduz fisiologicamente o recalque dos afetos, é "o mecanismo fundamental da neurose em geral" (p.242), e, por outro lado, que a própria

---

11 Essa vontade de apreender de imediato o inconsciente alia-se, em Reich, a um desconhecimento da situação transferencial, isto é, dos derivados do inconsciente. A ilusão confirma a si mesma.

divisão do ovo, bem como a divisão celular em geral, é também um processo orgástico regido pela lei de tensão e descarga, no decorrer do qual a célula em estado de angústia alivia-se, dividindo-se.

O que, aos poucos, vai se volatizando, na obra de Reich, que erige a potência orgástica como meta suprema da análise caracterial, uma vez que "a gravidade de qualquer distúrbio psíquico é diretamente proporcional à gravidade da desordem na genitalidade" (p.81), é a sexualidade infantil, distinta da sexualidade genital. É que, para Reich, as experiências infantis, em si, nada têm de patológicas, mas elas podem, "graças a uma inibição atual, ser bruscamente dotadas de um excesso de energia sexual" (p.79). Pois, longe de desenvolver-se na infância, a neurose forma-se na idade adulta, de tal forma que "as fantasias e o comportamento pré-genitais não são apenas a causa do distúrbio genital, mas, em grau pelo menos igual, seus efeitos" (p.94). A contradição da posição teórica de Reich evocada de leve por fórmulas desse tipo salta aos olhos, por vezes, em frases como esta: "mas o conflito pais-filho não poderia produzir um distúrbio duradouro do equilíbrio psíquico não fosse ele alimentado, de modo contínuo, pela estase atual, que tal conflito criou, ele próprio, na origem" (p.93). Estamos de novo diante de uma variante da aporia freudiana a que Reich acreditava ter escapado ao reduzir o neurótico ao atual.

Em contrapartida, existe, na visão de Groddeck, uma redução do atual ao neurótico, enquanto o conceito do Id, pela própria imprecisão, está destinado a pôr fim à oposição do psíquico e do somático, "mostrando que a alma e o corpo, o consciente e o inconsciente, são modos de manifestação desse ser desconhecido"[12], tanto quanto a saúde e a doença. O psíquico não influi no somático, tampouco o somático no psíquico. Um e outro são aspectos complementares da vida, vida que "se vive, nos vive", mas não se compreende. A relação causal é, portanto, inaplicável a dois acontecimentos que são o mesmo acontecimento, e toda causalidade torna-se autocausação, geração de si por si, *causa sui*. Nada limita

---

12 G. Groddeck. *La maladie, l'art et le symbole*, p.66, Gallimard, Paris, 1969.

Da somatização: um modelo multidimensional 13

o Id, senão ele mesmo; o Id que é Deus em nós e fora de nós (p.83). Linear ou circular, física ou psíquica, a causalidade é suplantada pela relação de si mesmo consigo mesmo, em que o todo se liga à parte e a parte ao todo. Aí, nem doenças psicossomáticas, nem concepção psicossomática das doenças, mas algo que transcende essas categorias, "palavras que são mentiras manifestas" (p.249). Se Groddeck usa-as é à maneira de um trampolim: as distinções devem levar ao indistinto, as oposições ao unificado, enquanto o mesmo sopro cósmico embaralha os jogos que, pacientemente, a razão inventa. A dificuldade do empreendimento está nisso, em tal maneira de avançar por apagamento dos vestígios, de designar por ausência, de aceitar que a linguagem só exista por um tempo, o tempo de ver-se desaparecer naquilo que ela revela.

Na falta de causalidade, instaura-se entre o todo e a parte uma relação de simbolização mútua que, repetindo-se em escala cósmica, faz com que o todo aparente torne-se "o símbolo do universo" (p.244). Mais exatamente, tudo aquilo que existe, existe numa relação de correspondência simbólica, a que a linguagem dá acesso. Assim, Groddeck pode observar: "A doença física que, também, é sempre uma doença psíquica, fala-nos do Id e de seu inconsciente com a mesma clareza que a doença psíquica, que também é sempre uma doença física" (p.97). O que se enuncia, assim, é a *identidade expressiva* do psíquico e do somático, identidade que mediatiza, no nível do Id: alma e corpo são um só. O inconsciente é somático tanto quanto psíquico, e o corpo simboliza, não por seus modos de ser, mas, antes de qualquer simbolização, por seu próprio ser. Pois, em Groddeck, a morfologia já é simbólica, as formas do corpo e a lateralidade corporal são decifráveis como um roteiro onírico. Os órgãos são imagens, imagens verdadeiramente materiais, que se confundem com a materialidade do corpo, com suas partes aparentes e escondidas, com sua fisiologia comandada por uma sutil alquimia, a qual está na origem das qualidades sensíveis, em que a distinção entre psíquico e físico oblitera-se: impressões intoleráveis, tratadas como intrusos físicos, podem realmente ser "expectoradas", da mesma maneira que uma palavra ou um pensamento são capazes de exalar um mau cheiro que causa asco. Essa mesma fisiologia é que opera em profundidade, criando fenômenos expressivos em que o corporal dissolve-se no simbólico, "a rouquidão para obrigar à comunicação escondida de um segredo, a dor no braço para avisar contra a inclinação ao roubo ou à violência, a frieza das mãos para ocultar o ardor do sentimento..." (p.56). O corpo simboliza porque é vivido como símbolo e porque nele o símbolo faz-se corpo.

A doença, seja qual for sua etiologia, é uma forma expressiva sustentada por outra forma expressiva, o corpo. Entre a expressão e o exprimido, a relação é aquela que vai do conteúdo manifesto do sonho a seu conteúdo latente. A sintomatologia orgânica é regida pelas mesmas leis de transformação do latente em manifesto. Pois, para Groddeck, o sintoma orgânico "não é o próprio fato, mas o que coincide com o fato" (p.138), e, nesse sentido, ele desenvolve processos de simbolização específicos. Assim, à presença de um elemento comum, tanto ao conteúdo manifesto quanto aos pensamentos latentes do sonho, corresponde a hemorragia externa em que "um fragmento apenas do processo mórbido latente torna-se manifesto"; à alusão, corresponde a coloração da pele na ocorrência das hemorragias internas; à figuração simbólica corresponde "o desejo do Id de figurar simbolicamente um calor interno muito grande, sentimentos ardentes em demasia" (p.139). Qualquer sintomatologia orgânica é uma simbolização orgânica que o Id cria, como criou as formas do corpo e o próprio cérebro.

Além de estabelecer no processo criador essa série de equivalências entre o onírico e o orgânico, a simbolização pode afetar formas particulares em que prevaleçam fantasmas sexuais, se não bissexuais. Afecções passageiras do nariz, assim como deformações do mesmo órgão, são intimamente ligadas à sexualidade; da mesma maneira, uma inflamação diftérica da garganta pode revelar a presença de "complexos sexuais" (p.52). Existem, por outro lado, correlações estreitas entre a glândula tireóide e a função sexual, a tal ponto que a formação de um bócio parece materializar fantasmas de "fecundações espirituais e divinas e de nascimento ilegítimo" (p.56), portanto, uma maneira simbólica de gerar uma criança no pescoço. Algo análogo está por trás das dores de dentes. Quando apontam e caem, os dentes representam a criança que nasce e morre dentro de uma cavidade que simboliza o corpo materno (p.81).

Assim se estabelece a identidade do corpo trabalhado pelo símbolo e o corpo libidinal na histeria, o que nos traz de volta ao ponto de partida. Groddeck psicologiza o orgânico, promove a conversão histérica a arquétipo de todas as somatizações. Apesar de sua vontade de unir o que divide, de superar estéreis dicotomias, de chegar a uma visão englobante do homem e do universo, é finalmente o psíquico que absorve o orgânico.

Preexistente ao ser, o símbolo explica o ser, dissolve o atual no neurótico e reduz a somatização à única dimensão da linguagem simbólica[13].

2. Por mais contraditório que seja, o modelo freudiano tem o mérito de conservar a complexidade das coisas, complexidade essa que deve inspirar novamente qualquer tentativa de pensar o somático, ao passo que tanto em Reich como em Groddeck a contradição freudiana revela-se irredutível e teoricamente insuperável. A história parece, assim, como que a atualização de um número restrito de possibilidades lógicas dadas implicitamente no ponto de partida.

A introdução de uma perspectiva histórica mostra que as interpretações atualmente em curso do fenômeno de somatização prolongam posições anteriores que permanecem determinadas pelo sistema freudiano. Prolongam-nas sem enfrentar-lhes a problemática. Aí também as opções são limitadas. Duas, particularmente, que não dependem da especulação, mas apreendem a realidade clínica,

---

13 Para Groddeck, a imaginação poética e científica é o meio de absorver a própria patologia orgânica, a qual, aliás, tem pouco a ver com a histeria de conversão. A auto-análise é a forma tomada por uma prática do imaginário como essa. Aquilo que Groddeck explora dessa forma é a correlação negativa entre imaginário e somatização — Ver *La maladie, l'art et le symbole*, p.37 sq.

devem ser mencionadas: quer se volte à oposição das neuroses atuais e das psiconeuroses, a fim de ligar a somatização a uma carência real na elaboração psíquica ou simbólica (Pierre Marty[14] e Joyce McDougall[15]); quer se faça da histeria o modelo de todas as somatizações, estendendo-se ao pré-genital o processo de conversão (Melita Sperling[16]). De resto, um ecletismo, facilitado pela propagação incontrolada do modelo lingüístico, vem proibindo todo questionamento, transformando as hipóteses em dogmas, os grupos em escolas, a verdade em comportamento conformista.

A conclusão daquilo que precede é que um modelo de somatização só pode ser *multidimensional*; deve permitir uma leitura sistemática dos fenômenos, sem fechar-se dentro de um sistema; é indispensável seja ele empírico, capaz de apreender tanto o que confirma quanto o que infirma; nele, o nível descritivo deve permanecer distinto do nível explicativo; deve, enfim, na medida do possível, estar isento de contradição.

São essas as exigências metodológicas que me guiaram na elaboração de um modelo teórico geral que, provisoriamente, se apresenta na forma dialética de doze pares de conceitos, que pela própria oposição delineiam as dimensões fundamentais do fenômeno de somatização. São estas as categorias propostas para pensar o somático.

1. Corpo real — corpo imaginário.

2. Sentido primário — sentido secundário do sintoma orgânico.

3. Imaginário (projeção) — banal (ausência de projeção)[17].

---

14 Ver *L'ordre psychosomatique*, Payot, Paris, 1980.

15 Ver *Plaidoyer pour une certaine anormalité*, Gallimard, Paris, 1978.

16 Ver *Psychosomatic Disorders in Children*. Jason Aronson, Nova York, 1978.

17 Deve ser notado que o imaginário opõe-se igualmente ao real, ao inimaginável e à irrealidade negativa. (Sobre o inimaginável, ver Sami-Ali, *L'espace imaginaire*, p.199, Gallimard, Paris, 1974; e sobre a irrealidade negativa, ver Sami-Ali, *Corps réel — corps imaginaire*, p.48, Dunod, Paris, 1984.) Por outro lado, se o banal enquanto afeto corresponde ao neutro, que é o elemento depressivo, é preciso conceber uma polaridade projeção-depressão (ver Sami-Ali, *De la projection*, Dunod, Paris, 1986; et *Le banal*, Gallimard, Paris, 1980).

4. Função psicossomática constituída — função psicossomática em vias de constituição.
5. Regressão — impossibilidade de regressão.
6. Sintoma neurótico ou psicótico (formação simbólica) — equivalente orgânico de um sintoma neurótico ou psicótico.
7. Recalque bem sucedido — recalque fracassado.
8. Recalque de um conteúdo imaginário — recalque da função do imaginário.
9. Impasse superado (psicose) — impasse insuperável (somatização).
10. Causalidade linear — causalidade circular.
11. Somatização reversível — somatização irreversível.
12. Passagem do psíquico ao somático — passagem do somático ao psíquico.

Se, nesse quadro, os conceitos não estão definidos, é porque tal definição só pode efetuar-se concretamente, por meio de análises aprofundadas, as quais devem mostrar a pertinência desses conceitos no plano descritivo. Mas a descrição não é a finalidade do modelo; apenas prepara para a interpretação, a qual estabelece uma dupla correlação positiva e negativa, que rege o campo inteiro de psicossomática:

a — Uma correlação positiva entre projeção e somatização, que, na conversão histérica, provoca uma psicopatologia por excesso do imaginário.

b — Uma correlação negativa entre projeção e somatização, que leva a uma patologia somática não "conversional" por falta do imaginário.

A relação com o imaginário, então, é que determina a somatização histérica tanto quanto a não histérica, sendo uma e outra os pontos extremos de um *continuum* em que passagens, superposições, misturas são possíveis, conforme o imaginário predomina ou é vencido pelo recalque. O que, todavia, caracteriza este modelo é que concebe a somatização não histérica em relação a uma *situação de impasse* cuja estrutura lógica é a de uma contradição que fecha todas as saídas e torna, de uma só vez, inelaborável um conflito próximo do impensável psicótico: a um só tempo *a* ou *não-a*, e nem *a* nem *não-a*. A conversão histérica, essa pertence a uma situação conflituosa, porém não contraditória, logicamente baseada na alternativa: *a* ou *não-a* e que, conseqüentemente, prepara uma saída, mesmo que essa seja pouco agradável. Nem por isso a afinidade assim instaurada entre a psicose e a somatização deixa de questionar o conceito freudiano de "neurose de órgão", destinado a explicar uma somatização que não se reduz à conversão histérica, e tampouco à neurose atual[18].

Levando em conta a diversidade dos fenômenos de somatização, os quais são aspectos do mesmo processo psicossomático, o modelo aqui proposto distingue três níveis de somatização, que vão do visível ao invisível, do localizável ao não-localizável, da superfície às profundidades: o figurado, o literal e o neutro. Estágios de uma passagem do corpo imaginário ao corpo real, passagem que não significa existirem duas entidades corporais distintas, e sim duas funções dialéticas que fazem aparecer o corpo sob o ângulo do imaginário e do real, conforme ele é ou não é sustentado pela projeção.

Esse é, esquematicamente esboçado, o modelo multidimensional de somatização, modelo subjacente a investigações anteriores que, mais uma vez, servirá para novas explorações.

O campo do câncer, graças à análise de *Mars,* de Fritz Zorn, será um primeiro exemplo com valor de paradigma.

---

18 S. Freud. "Le trouble psychogène de la vison dans la conception psychanalytique", *in Névrose, psychose et perversion,* p.173, P.U.F., Paris, 1973. O conceito de "neurose de órgão" encontra-se também em M. Boss, cuja perspectiva teórica, porém, é a do "Dasein". Ver M. Boss: *Introduction à la médecine psychosomatique.* P.U.F., Paris, 1959.

Da somatização: um modelo multidimensional 19

3. Logo, nas primeiras linhas de *Mars*, Zorn, de fato, estabelece uma ligação entre aquilo que é e o câncer que tem. Ligação retrospectiva, é verdade, reconhecida posteriormente, no momento em que, com o auxílio da psicoterapia, Zorn pode finalmente, graças à escrita, enfrentar seu passado, enfrentar a si mesmo. Sem dúvida nenhuma, ele tem o câncer como uma doença "psicossomática" na qual coexistem uma afecção da alma e uma afecção do corpo, uma vez que a alma e o corpo formam um todo. Nada, porém, nessa atitude, autoriza a concluir por uma qualquer "psicogênese" do câncer[19], quando a única questão a ser levantada é a de saber se o laço estabelecido está teoricamente fundado, e até que ponto pode ser generalizado. Está em jogo a própria possibilidade de uma interpretação psicossomática do câncer, o que não deve ser excluído, *a priori*.

Se, para Zorn, o câncer é uma "doença da alma"[20], os comentários que ele tece sobre essa primeira notação merecem ser examinados atentamente, pois, em Zorn, a alma sempre foi doente, mas só na ocasião do câncer é que a evidência se impõe. A essa doença da alma, Zorn procura dar-lhe um nome. A eventualidade de uma psicose, evocada a propósito de certas "visões", é imediatamente eliminada. "Sempre soubera claramente, diz, o que existia apenas em minha imaginação e o que existia também fora de minha imaginação" (p.162). Resta a neurose, uma neurose grave, que Zorn considera responsável por seu câncer: "Essa doença da alma enfraquecera tanto meu corpo que agora, infelizmente, eu estava com câncer" (p.165): o câncer como conseqüência de uma neurose. Trata-se de um raciocínio que tem todas as características da racionalização e deixa suspensa a questão essencial: saber por que a neurose antes enfraquece do que fortalece.

Na realidade é totalmente outra a patologia de Zorn. Afastando-se da psicose tanto quanto da neurose, na medida em que justamente nem uma nem outra informam sobre o estado do corpo, ela tem

---

19 Cf. L. Schwartzenberg. *Requiem pour la vie*, p.134 *sq*, Le Pré aux Clercs, Paris, 1985.
20 Zorn. *Mars*, p.29, Gallimard, Paris, 1979.

como eixo a formação caracterial. "Educado à morte", "criado para o câncer" (p.52). Zorn apresenta uma patologia somática que não pode ser sobreposta à psicopatologia freudiana, não somente porque se alia à doença orgânica e, nesse caso, não se poderiam justapor o psíquico e o somático, mas porque, já no plano do funcionamento psíquico, ela denota menos o fracasso do recalque e o retorno do recalcado por meio dos sintomas neuróticos ou psicóticos do que o sucesso do recalque que se mantém de modo duradouro. É a forma e não o conteúdo desse recalque que deve ser elucidada primeiro.

Funcionar sem falha de modo permanente exige que o recalque deixe de ser um processo parcial para integrar-se no conjunto do funcionamento. Tal integração significa uma profunda modificação caracterial, a alteração do próprio ser do sujeito, e faz com que o recalque, que se tornou a modalidade principal da existência, se repita, posteriormente, de maneira incansável, ao longo todo de uma vida, cada vez que o recalque ameaça surgir. Assim, o recalque determina a formação caracterial que, por sua vez, determina o recalque. Aqui, formação caracterial e processo de recalque são uma só coisa. Paradoxalmente, esse processo permite ao sujeito adaptar-se socialmente, adotando as exigências do ambiente familiar, e fazer abstração daquilo que ele é enquanto subjetividade. No entanto, o sujeito não se esconde atrás de uma máscara, não faz de conta, não representa. Não há nenhuma simulação, nenhuma dissimulação. As exigências familiares interiorizadas vêm simplesmente ocupar o lugar de uma subjetividade que se retrai. Está-se tão longe quanto possível de uma relação do tipo "identificação com o agressor". Pois o sujeito não é o termo distinto de uma relação, ele integra exigências que o violentam mas permitem que ele exista. O drama não é o da má fé, é o da boa fé, é o drama do narcisismo. Se, apesar de tudo, existe máscara ("toda a minha vida fora falsa", p.164), a máscara devorou com certeza o rosto todo: caráter falso das origens, origem da falsidade. Zorn não tem rosto próprio, tem o rosto do outro, ou seja, da mãe, de maneira que sua problemática situa-se antes da crise de despersonalização que marca, em torno do oitavo mês, o acesso da criança à identidade pessoal[21]. Ser original e totalmente o outro, é o que imprime na vontade de Zorn uma marca de conformidade, se não de conformismo, porque de novo desaparece a diferença. "É provavelmente impossível, diz, nascer conformista, por isso não posso definir-me como o conformista-nato, mas constato que fui o conformista perfeitamente educado" (p.33-34).

Exteriormente, o conformismo confunde-se com os princípios do funcionamento social. Ele é a adesão completa a normas de comportamento que, aplicadas primeiro pelos pais, criam na criança a ilusão de um mundo harmonioso, onde os problemas não existem, nem podem existir ("Eu nunca tinha problema, diz Zorn, não tinha problema nenhum", p.31). Ausência de problemas por ausência de transgressões, já que a regra era uniformemente seguida por todas as pessoas. Evitar qualquer atrito e divergência, como se o outro fosse si mesmo e devesse ser si mesmo. Eis o motivo que leva ao conformismo. "Nós, não possuíamos a técnica da briga, diz Zorn, por isso nos abstínhamos. Por isso, estávamos reduzidos a nunca chegar à situação de ter de brigar, já que todos tinham sempre a mesma opinião" (p.33). Mas existe outro móvel, mais fundamental, para o conformismo: conquistar a aprovação do outro, agindo *comme il faut*, comportando-se *comme il faut* (p.235). Adotar as regras de funcionamento exterior é, portanto, uma maneira de ser adotado por uma figura materna onipresente à qual se reduzem os outros, todos os outros.

Na sua forma extrema, tal como se apresenta aqui, o conformismo não é astúcia ou estratagema, mas dificuldade radical de ser diferente, de introduzir o negativo. "Duvido ter aprendido de meus pais a palavra não", diz Zorn (p.33). Portanto, ser como o outro, a fim de que a alteridade se apague, que ela não seja perceptível, nem imaginável, nem pensável, e que desapareça a subjetividade. Pois nada delimita o conformismo, que, no caso, fixa tanto o comportamento social quanto a sensibilidade, a percepção, a imaginação, o pensamento, os quais, por sua vez, tornam-se compor-

---

21 Ver a teoria do rosto em Sami-Ali, *Corps réel — corps imaginaire*, p.21 *sq*. Dunod, Paris, 1984.

tamentos. E, por toda a parte, impõe-se a mesma obrigação de apreender os acontecimentos por meio das categorias reconhecidas, dos esquemas pré-estabelecidos que se interpõem entre o sujeito e o mundo. Mentais e sensoriais, esses esquemas estão providos de uma autoridade absoluta, delimitando o ser e o não ser, conforme o que deve ou não deve existir, e sem que intervenha a menor decisão ou intenção voluntária. O que deve ser vem a ser espontaneamente, pelo simples domínio do corpo sobre o mundo, como se um código fosse aplicado e os órgãos dos sentidos obedecessem imperativos, executassem ordens, captassem unicamente o que confirma a regra. No entanto, não há coação, nem sentimento de ser forçado, precisamente porque a relação não implica duas pessoas. Antes, é uma relação de si mesmo com uma imagem de si mesmo, na qual o outro é corpo anônimo, poder despersonalizado que dita o que deve ser e provê o corpo de suas coordenadas espaço-temporais. É um quadro de referência que contém e comprime, fora do qual o sujeito não poderia existir, nem como corpo no espaço e no tempo, nem como ser moral pertencente a um grupo social. O conceito de superego temporal[22], em que o absolutamente subjetivo coexiste com o absolutamente objetivo, o cultural com o corporal, o estereótipo com o inefável, explica esse funcionamento, que se inscreve num universo de regras do qual depende o sujeito na sua existência. "O mundo em que crescia, diz Zorn, *não podia* ser um mundo imperfeito, sendo obrigatórias sua harmonia e perfeição. Eu *não podia* perceber que o mundo não era perfeito" (p.49). O sujeito, de tão conforme, desaparece no próprio funcionamento ("Nunca tive opinião própria", p.39), torna-se o exterior que está nele, que é ele e o autoriza a ser.

O exterior é, portanto, o superego corporal. Conformar-se às regras de funcionamento significa conformar-se a ele. Tudo o que acontece realiza-se sob o olhar de uma instância impessoal, exterior ao sujeito e que torna o sujeito exterior a si mesmo, como se não tivesse interioridade e devesse ser transparente. Tornar-se uma

---

22 Ver Sami-Ali, *Le visuel et le tactile. Essai sur la psychose et l'allergie*, p.67 sq. Dunod, Paris, 1984.

superfície, a fim de que o olhar deslize por ela, não se demore nela, não tenha nada a censurar nela, é aquilo para que tende o conformismo. E apesar de tudo... "Cada vez, diz Zorn, que alguém me acompanhava com o olhar, parecia-me que ele achava algo a censurar e que seu olhar era crítico e reprovador" (p.66). Olhar que vê o invisível, discerne o indiscernível, não deixa escapar nenhum detalhe: "Temia que minha roupa estivesse suja ou em desalinho, ou exibisse, sem eu perceber, um semblante contrariado" (p.66). Trata-se menos de um sentimento de culpabilidade do que do medo de ser surpreendido cometendo erros, de não se mostrar irrepreensível. Não há no olhar dos outros nenhuma acusão específica, o que, paradoxalmente, implica que se deve provar a inocência. Tarefa impossível, uma vez que a pessoa está sendo olhada. Olhada, isto é, por definição, censurável por razões que a própria pessoa não vê e que os outros vêem. "Na minha juventude, diz Zorn, traduzia esse estado de uma maneira muito justa dizendo que me sentia como se "carregasse no pescoço uma gralha morta. Era como se todos vissem a gralha pendurada e só eu não tivesse consciência deste fato escandaloso" (p.66). Imagem que visualiza o invisível, concretiza o sentimento que, independentemente daquilo que faz, a pessoa é malvista. Todavia, isso não tem nada a ver com um qualquer delírio que se organiza, como o comprova justamente o temor (e não a crença inabalável), de que se é objeto de crítica. Por outro lado, o fato de outrem representar o papel do superego corporal deve-se com certeza a uma projeção, mas a uma projeção inicial, muito precisa e rapidamente neutralizada, que não entravou o desenvolvimento ulterior e se encontra atualmente modificada pelo funcionamento psíquico consciente, funcionamento que ela permeia, sem por isso invadi-lo. Equivalente de projeção que interdita toda e qualquer projeção, ou projeção do interdito de projetar, de ser de outra forma que não no interdito de ser. Por isso, a imagem da gralha dependurada no pescoço não é senão uma maneira de falar, uma metáfora consciente, que não se confunde com seu objeto. Nesse sentido, ela vem substituir uma potencial interpretação delirante em que a metáfora seria inconsciente e a imagem, realidade.

Aplicar a regra implica, então, a fim de que nada fuja dela, numa dupla redução: a do ser inteiro àquilo que deve ser e a de todo ser a um único ser, si próprio ou outrem, indiferentemente, ambos conformes com aquilo que deve ser. Por esse nivelamento geral, é primeiro o próprio sujeito que é reduzido enquanto subjetividade. E como, de resto, cada um deve ser igual, a multiplicidade só pode resultar da reduplicação do mesmo ("um grande número de Alguém", p.117). Todas as situações são, então, quantitativamente diferentes, qualitativamente idênticas. O número não lhes traz nada, não as muda em nada, é-lhes indiferente. Uma situação a três resolve-se em duas situações duais que finalmente são apenas duas situações singulares[23], das quais, por isso mesmo, o conflito está excluído. Em verdade, seria possível admirar-se de que o conflito não surgisse quando todos são iguais: a rivalidade, pelo menos, vem de semelhança como essa; mas é que a rivalidade supõe uma relação, ao passo que aí não existe qualquer relação. A ausência de conflito é ausência de relação. "Quando se tratava, diz Zorn, de pronunciar um julgamento sobre a forma com que um de nós havia apreciado alguma coisa, por exemplo um livro, era preciso, como num jogo de cartas, ele prever as possíveis reações dos outros antes de jogar a sua, a fim de não se arriscar a dizer algo que não fosse seguramente objeto de aprovação geral" (p.74).

Correlativamente, tudo aquilo que corre o risco de não combinar com a norma deve ser reprimido, tido como nulo. Se aí existe recalque, ele já está operando desde a primeira infância, no momento em que começa a organizar-se o campo perceptivo: esse sofre uma estilização com vistas a fazê-lo coincidir com aquilo que deve ser percebido. O recalque duplica a percepção, invade o ser, torna-se coextensivo ao ser: não-ser que torna o ser perceptível.

Precisa-se assim a estrutura lógica que rege este mundo irremediavelmente enclausurado e abandonado pela subjetividade. O desa-

---

23 Esse procedimento redutor caracteriza também o trabalho relacional na personalidade alérgica. Tal semelhança não deve levar a esquecer a diferença da problemática própria da alergia. Ver Sami-Ali. *Ibid.*

parecimento do sujeito no conforme está aqui compensado por um sentimento de exaltação narcísica que surge com a aplicação da norma, representante da onipotência parental da qual se participa. Daí, em Zorn, um sentimento de superioridade em relação aos outros, tolerados porque "um pouco atrasados", e essa maneira um tanto displicente de olhar a vida como um espetáculo a que se assiste. Aplicar a norma, portanto, é perpetuar a onipotência; assim como reter aquilo que confirma e eliminar o que infirma é uma maneira de restituir a norma inteira, incondicional, idêntica a si mesma. Idêntica, num mundo em que tudo está sem rosto, sem identidade. *A contradição é impensável num mundo onde reina apenas a lógica da identidade.* Lógica que coincide com o funcionamento do inconsciente — na medida em que este ignora a contradição —, e repete incansavelmente que a coisa é aquilo que é, que o ser é, e o não-ser não é, lógica por que se expressa o pensamento mais essencial e o que faz as vezes dele no conformismo. Situação em todo comparável à de uma "visão do mundo" que se tornara ideologia: todo acontecimento que contradiz seus princípios. é interpretado em conformidade com esses princípios. Aliás, é o mesmo procedimento que sustenta o pensamento delirante, só que aí o delírio é substituído por uma racionalidade técnica, inercial, assim como uma metáfora gasta pode tomar o lugar de uma projeção. O que desaparece com essa racionalidade, afinal de contas, é o negativo constitutivo do pensamento, ou seja o pensamento. Subsiste apenas um positivo que se confirma a si mesmo. Está-se no banal, assimilado ao literal[24]. Por isso, no lugar das coisas, está-se é diante da definição das coisas, das coisas tomadas ao pé da letra, recebidas e restituídas na sua existência redundante. O positivo é, portanto, também, o ideal, o que deve ser, num discurso comum que se tornara a norma. Sob o olhar redutor de uma autoridade anônima, nenhuma projeção vem, pela introdução da subjetividade, perturbar a exata claridade das coisas reduzidas a si mesmas. Por definição, a "boa música" deve agradar, da mesma maneira que um "bom livro". "Havia lido o *Ekkehard* de Scheffel

---

24 Ver Sami-Ali. *Le banal*, Gallimard, Paris, 1980.

e naturalmente o havia achado 'bom'. Um dia, uma moça que tinha a mesma idade que eu, vendo o livro na minha estante, perguntou-me se eu havia gostado. Disse para meus botões: Que pergunta mais idiota, já que é um 'bom livro', não se faz perguntas sobre evidências e respondi naturalmente que sim" (p.37). Evidências que contornam os "obstáculos", desprezam a subjetividade, reduzem o ser àquilo que deve ser. As coisas perdem a singularidade no nome que as designa, tormam-se intercambiáveis, como o discurso que se tem sobre elas e as pessoas que têm esse discurso. Dupla despersonalização do subjetivo e do objetivo, a partir de que um determinado objeto, preso na malha das definições implacáveis, pode adquirir qualidades que na realidade não possui. Qualidades deduzidas posteriormente, não criadas por projeção e que permanecem exteriores àquilo que designam: subterfúgio que suplanta a projeção, quando, por cortesia, faz-se de conta que. Afetação ao invés de afeto, e desvio verbal do objeto: "Quando era convidada, diz Zorn, a pobre da minha mãe recusava freqüentemente o conhaque e o uísque que lhe ofereciam e pedia, no lugar deles, um copo de água. Mas porque esta água era servida pelo hospedeiro, sentia-se obrigada a proclamar que era 'uma delícia' (...). Não se tratava da realidade da coisa; apenas, na qualidade de convidada, era-lhe preciso achar tudo 'uma delícia' (...) só contava a boa educação" (p.60).

Reduzir ao idêntico o que contradiz o idêntico. É nisso que consiste o verdadeiro trabalho de recalque. "Técnicas" de redução postas à disposição da criança que foi Zorn, estavam destinadas a evitar de tomar partido, de deixar que se manifeste o negativo. Do lado da mãe, tal objetivo é alcançado por meio da palavra "complicado", que serve para fazer desaparecer todos os assuntos escabrosos ("as relações humanas, a política, a religião, o dinheiro e naturalmente a sexualidade"), tornando-os "inimagináveis" (p.40), assuntos que, por outro lado, podem ser completamente dominados pelo uso da expressão "ou então", de tal sorte que aquilo de que se fala acaba flutuando no vazio de anulação mútua: "A pobre da minha mãe tinha costume de dizer: 'Viajarei na próxima sexta-feira às dez e meia da manhã para Zurique, ou então, ficarei em casa. Esta noite temos espaguetes para o jantar, ou então uma salada de salsichão' " (p.47). Do lado do pai, é um vazio imediatamente relacional que se aprofunda entre as coisas arrancadas de seu contexto e julgadas "não comparáveis", "coisas que permanecem solitárias e incompreensíveis, num espaço frio, irreal" (p.43). Cada coisa é o que ela é em si, única em geral.

A dupla relação com as figuras parentais leva assim à não-relação, entrega o pensamento à fixidez de um movimento que se anula, às tautologias, anulando com isso o pensamento. Pois o pensamento não poderia exercer influência alguma sobre um mundo do qual "todas as relações foram completamente excluídas (p.43). Exclusão primitiva, constitutiva do próprio ser, que não se explica por algum "ataque contra os laços", já que, de pronto, esses não existem, não precisam existir, numa situação em que a identificação narcísica prevalece sobre a relação de objeto. Uma espécie de harmonia pré-estabelecida faz com que seres e coisas, mecânica perfeitamente ajustada, movam-se sem fricção e combinem sem ter de se comunicar.

O julgamento é impossível num sistema tautológico em que nada participa de nada. Dupla impossibilidade, de fato, porque a coisa é só ela mesma, e porque, posta em relação com outra, ela deixa de ser ela mesma. No momento da enunciação, introduz-se a contradição no ser da coisa que perde sua identidade, destrói-se. Pôr em relação equivale a uma sentença de morte: a violência só é contida pelo não-contato. Mas, então, o pensamento não pode pensar, imobiliza-se no imutável. Está-se bem próximo do impasse autista no qual o pensamento é igualmente forçado a colocar as coisas no absoluto isolamento. Essa notação acrescenta à patologia de Zorn um matiz significativo.

À força de ser incomparáveis, subtraídas aos laços, fechadas sobre si mesmas, as coisas, porém, acabam ficando parecidas. A ausência de relação faz que os objetos do pensamento constituam uma classe singular de objetos singulares, objetos que, assim mesmo, continuam sua existência solitária. O conjunto permanece à imagem de cada um de seus elementos. Assim, descobrir que os objetos podem ser comparados, por serem eles incomparáveis, não cria um movimento dialético apto a fazer o pensamento sair de seu enclausuramento: não se pode ir além, de maneira que os objetos, imobilizados na sua singularidade, revelam-se a reduplicação do mesmo objeto único. No universo de Zorn, só existe um objeto, o objeto materno, o único em relação com ele mesmo[25]. Redundância em que desaparece a possibilidade de qualquer relação.

Tal ausência de relações, que evoca um caráter esquizóide, é compensada, em Zorn, por comportamentos que o mostram "sereno", "alegre", "normal". Máscara que salienta mais ainda o rosto que falta, e relação ilusória[26], sobranceira a um vazio, que, desde a infância, constantemente, Zorn vive sob o signo de uma depressão caracterial. Sutil, indiscernível, essa não surge num momento singular de uma vida, confunde-se com essa vida. Depressão para além da infelicidade, para além dos problemas, puro sofrimento de ser um homem só: "Não tinha dificuldades de contato", diz Zorn, toda "minha vida correra até esse momento numa completa ausência de relações" (p.159). Mas ser só significa estar a sós com o único objeto que existe, sem mediação, sem auto-superação, ser precisamente esse objeto — inscrita, desde o início, no recalque da subjetividade ("Eu não era nem mesmo Eu, era simplesmente correto", p.98), a depressão conserva inalterado, o tempo todo, esse caráter de absoluto. Todavia, recalcar a subjetividade significa, em primeiro lugar, anular o corpo na sua realidade sexual ("até a palavra corpo era tabu, p.71), fazer com que não exista porque não se lhe-dá nome e que não se-lhe-dê nome porque não existe. O que aliás, não impede que o corpo continue existindo num discurso objetivo, adaptado, racional, cujo efeito mais insigne consiste

---

25 Cabe observar que os únicos sonhos a que Zorn alude são aqueles, repetitivos, cujo tema é matar a mãe (p.224). No mesmo contexto, é preciso colocar igualmente as "visões" em que se trata de explodir um banco, o Crédit Suisse (p.225). No fundo, não seria destruir duas vezes o mesmo objeto?
É de notar, por outro lado, que a transformação do objeto materno em superego corporal responde, por meio da projeção, à necessidade de dar forma a um vazio relacional, vazio que, paradoxalmente, põe a criança às voltas com uma mãe ausente por sua presença, presente por sua ausência.

26 N.T. — *en trompe l'oeil* no original.

em reforçar ainda mais o recalque da sexualidade. Recalque sem falha, sem deficiência, sem escape possível, e que, portanto, distingue-se radicalmente de suas variantes neuróticas ou psicóticas, fundadas sobre o fracasso do recalque e o retorno do recalcado. Por isso, nesse caso, a sexualidade não poderia ser o único conteúdo recalcado[27]. Outra dimensão deve ser analisada para melhor compreender o funcionamento caracterial.

Aqui, excepcionalmente, o recalque é totalmente irrepreensível ("Eu não tinha absolutamente nenhum problema", p.100). Nenhum investimento homossexual ou heterossexual: Zorn permanece sem amor, sem "emoção", sem "desejos para satisfazer", afetado por uma impotência da alma e do corpo, "naturalmente" deprimido, mal sentindo, porém, sua depressão, de forma que possa tão-somente resignar-se ("É assim mesmo", p.142). Por isso, ele pode escrever friamente "Com efeito, muitos de meus colegas estavam deprimidos porque haviam fracassado numa prova, mas eu me sentia deprimido *embora* tivesse passado brilhantemente na mesma prova" (p.34). Indiferença que é o nome verdadeiro do mal de que Zorn sofre: uma depressão *a priori* no meio da qual sujeito e objeto já não existem porque se confundem com o superego corporal. O ser confunde-se com o dever ser, que é também o nada do ser, pois só "o nada é sempre perfeito" (p.63). Conseqüentemente, designar tal estado de coisas por "depressão sem objeto" ou "relação branca", dois conceitos que derivam da "depressão essencial", equivale a desconhecer a complexidade daquilo que está sendo analisado aqui[28].

---

27 Essa é, de fato, a tese de Reich, à qual, de resto, adere Zorn. Ver W. Reich, *La biopathie du cancer*, Payot, Paris, 1975.

28 P. Marty chama "depressão essencial" a forma particular de funcionamento que engloba o "pensamento operatório" e predispõe à somatização. Ele vê somente nela uma sintomatologia negativa devida a uma carência fantasmática *real*, a um desaparecimento real das funções psíquicas. Para Marty, portanto, trata-se de uma desorganização que deixa aparecer o estado primitivo de inorganização.
As descrições clínicas que faz dela deixam, no entanto, transparecer uma complexidade que não revela seu nome, uma vez que, por toda a parte, vê-se agindo uma força interna esmagadora, junto com um perfeito recalque do imaginário. Por isso, lê-se que "o reservatório do Id não está esvaziado mas quase *fechado*", "a comunicação com o Id não está mais estabelecida", "o inconsciente, ao que parece, foi rapidamente *posto de lado*",

Essa depressão preexistente a qualquer acontecimento, que condiciona todo acontecimento e com isso transcende as contingências de uma vida que se desenvolve no espaço e no tempo, assume concretamente a forma de um paradoxo: "Quanto melhor estava, pior ficava" (p.130). Ou ainda: "Sentia-me triste embora nada me faltasse" (p.134). Entre a realidade psíquica e o comportamento social que participa da formação reacional, o contraste é total. A defasagem entre eles não pára de crescer: "Eu dizia a mim mesmo, diz Zorn, que, sem dúvida sentia-me deprimido mas que, tirando isso, estava bem. Dizia-me que, sem dúvida, era um homem só, mas, em contrapartida, inteligente; que, claro, estava infeliz, mas que, em compensação, tinha uma quantidade de relações e até de amigos; que, sem dúvida, sentia-me frustrado, mas em contrapartida eu era doutor, o que não é dado a qualquer pessoa; em suma, estava desesperado, mas não tinha o direito de me julgar desesperado" (p.133). Depressão paradoxal, portanto, que ignora a si mesma enquanto depressão, petrificando cada vez mais o conjunto da vida psíquica e diminuindo a cada dia as poucas possibilidades que se projetam ainda diante de si, como um sonho incompreensível[29].

A divisão interna prossegue inexoravelmente. "Meu eu clivado, diz Zorn, fissurava-se cada vez mais. Creio que gastei a maior parte de minha energia para manter o edifício de meu eu simulado que se esboroava" (p.106). Não se pode pensar em recuo, desde

---

as locuções metafóricas ficam "excluídas" da linguagem etc. (*L'ordre psychosomatique*, pp.62-67, Payot, Paris, 1980. Os grifos são nossos.)
Ora, toda a questão está em saber qual é a instância que fecha, põe de lado, exclui, suprime a comunicação com o inconsciente.
Reconhecer isto é ao mesmo tempo questionar essa concepção da psicossomática cujo modelo permanece sendo a neurose atual.

[29] A não-percepção da depressão caracterial, que não deve ser confundida com a recusa da realidade psíquica, assume, por vezes, aspectos surpreendentes. Assim, uma mulher com cerca de sessenta anos e que está com câncer adiantado do cólon observa que, uma vez que ela "não se deprime nunca", o câncer, de certa forma, vem substituir a depressão. A realidade é totalmente diferente: não se permitindo nada para si mesma, impondo-se de ocupar utilmente seu tempo, obrigando-se a nunca ficar inativa, esta mulher só é depressão. Depressão-clima: o insípido.
Antes ser peixe e queixar-se, segundo uma anedota zen, do que ter ouvido falar do mar sem nunca o ter visto!

que voltar atrás é reencontrar o mesmo estado depressivo. A regressão é impossível. Zorn enveredou por um caminho sem saída. Pode-se ver agora que, para além de qualquer conteúdo, o recalque diz respeito à função do imaginário em toda sua extensão, função que é a própria subjetividade. Insensivelmente, o recalque apodera-se dos últimos refúgios do imaginário. Zorn queima as peças de teatro de fantoches que escrevera e decide "recalcar" toda a vontade de escrever que tinha, "Sendo a escrita em si algo mau, ela expressava e expunha e simbolizava minha inferioridade de artista, sem mais" (p.111). Mais grave ainda, no momento em que começa a vida: "Eu havia terminado com sucesso meus estudos, tinha uma profissão, uma bonita casa", (p.139), no centro de uma solidão em que o tempo se imobiliza, Zorn está às voltas com uma insônia que se revela infensa a qualquer medicação: impasse por excelência do imaginário. Pertencente à síndrome depressiva, a insônia é, antes de tudo, uma relação com o imaginário. Pois, o que é a insônia senão uma defesa maciça, desesperada, contra a atividade do sonho e o empenho extremo em andar em círculos no espaço vigil, vazio, por medo de atravessarmos a noite que nos separa de nós mesmos? Eis porque, paradoxalmente, a ação medicamentosa, ao tornar iminente a caída no sono, infunde uma nova energia aos sentidos que se agarram às evidências diurnas. O problema, então, torna-se "medicalmente insolúvel".

Nos confins dessa desolação e antes de o céu e a terra confundirem-se na mesma imensidade irrevogável, o imaginário, porém, irrompe pela última vez. O acontecimento determinante é a morte do pai. Depois disto, durante um período de dois a três anos, assistindo, fascinado, à ressurgência de uma força vital "dissociada" que se desencadeia subterraneamente, Zorn recebe "visões" ao longo das quais se esticam interminavelmente tristes histórias, num recomeço sem fim, de famílias e dinastias. Entre os personagens que nelas nascem e morrem, a "Grande Aflita" volta periodicamente, "mulher imobilizada na dor" (p.148), tal como um sinal transparente, um aceno cúmplice. "Imagem de minha alma, diz Zorn, que se apresenta espontaneamente a mim sob esta forma visível, a fim de pôr-me debaixo dos olhos a situação em que eu, realmente, me encontrava, ou para perguntar se ainda não tinha observado que ela estava na maior aflição e eu no maior perigo" (p.149).

Equivalentes de alucinações oníricas que emergem na consciência vigil, as visões representam uma reação diante do desaparecimento do pai, um trabalho de luto que não toma o caminho, já bloqueado, dos sonhos. Por isso o retorno do recalcado, enquanto conteúdo imaginário e função do imaginário, realiza-se por esse subterfúgio. Numa transposição "alegórica" como esta, que não exclui os conflitos "dramáticos": os personagens que morrem, morrem para sempre, salvo a "Grande Aflita", a qual ressuscita. Participa da morte, porém vence a morte, e é nela que se projeta a dor da perda ao mesmo tempo que a tentativa de superá-la.

Tentativa que não resulta em nada, pois que o retorno do recalcado opera no recalque caracterial uma brecha que nada pode calafetar. Nenhuma elaboração psíquica tem condição de estabelecer qualquer laço entre o recalcado e o resto. Mede-se aqui a extrema dificuldade de enfrentar o fracasso do recalque de uma função. Fato notável, Zorn observa incidentemente, sem se deter muito, que as visões ocorreram pouco depois da morte do pai. Resposta a um impasse, tal proliferação de um imaginário dissociado, inassimilado, inassimilável só faz agravar o impasse. Por isso é que subitamente as visões, por sua vez, desaparecem, eliminadas pelo recalque caracterial, única constante de uma vida centrada no objeto único.

Ora, pouco tempo depois, Zorn se descobre um tumor no pescoço, a que, por racionalização, ele dá o sentido de "lágrimas reprimidas" (p.153), tumor esse que substitui igualmente, no mesmo modo secundário, a "gralha morta" (p.66) que julga carregar no pescoço.

"Preso, qual o minério em sua canga, numa situação sem saída" (p.145), Zorn permanece assim durante toda a psicoterapia, a última naquela data, precedida na adolescência de mais duas tentativas, pela mesma razão: a depressão. Empreendimento paradoxal, na verdade, pois como, sem destruir a si mesmo, destruir em si mesmo os pais que se é, distanciar-se de uma parte de si, que, a uma só vez, dá e retira a vida? Separar-se dela significa a morte, não se separar dela, a não-vida. Numa estrutura caracterial extraordinariamente rígida, na falta de uma sintomatologia neurótica ou psicótica expressiva, e quando o recalque da função do imaginário neutraliza tudo e cria neutro por toda a parte, o resultado terapêutico só pode ser negativo. Ao invés de irem mal mesmo indo bem, como antigamente, agora as coisas vão bem mesmo indo mal. Até agora, diz Zorn, antes de construir, a psicoterapia cumpriu "a tarefa que consistia em fazer em pedaços uma vida passada" (p.168). Essa destruição prossegue durante dois anos e meio, indo de par com a extensão do câncer. A dor, que precisamente permite dizer "eu" ("em todo lugar onde dói, sou eu", p.205)[30], existe doravante em estado puro e o rosto é arrancado junto com a máscara. Atrás da máscara, nada havia. Agora é o vazio do não-rosto, a noite das origens, o aquém do narcisismo[31], mas, também, graças ao trabalho terapêutico, "a claridade" trazida pelo fim dos subterfúgios, acompanhada do sentimento de estar menos uniformemente deprimido, mais ativo, de ser capaz de certa alegria.

E Zorn vai retomando sua atividade, antigamente condenada, de escritor, retomando assim um imaginário infinitamente menos disruptivo do que as "visões", mas que permanece marcado pela clivagem. "A redação de minhas recordações, diz, não me trouxe a calma, mas, pelo contrário, uma agitação e um desespero maiores" (p.190). Superação do impasse sem abandonar o impasse, e prática de um imaginário paralelamente ao recalque do imaginário, a escrita, em Zorn, é portadora de ambigüidade essencial. "Nada mudou em minha infelicidade e a única coisa que posso fazer diante dessa infelicidade é escrever sempre e sem cessar" (p.212). Ao escrever, Zorn tece laços, chega a uma identidade, cria-se simbolicamente um rosto, um "nome de pena"[32]. Nesse ponto, pelo

---

30 Cf. J.B. Pontalis. "Não, duas vezes não", Nouvelle Revue de psychanalyse, 24, 1981.
31 Ver Sami-Ali. Corps réel — corps imaginaire, p.157, Dunod, Paris, 1984.
32 Ver M. Verrey. Lettre à Fritz Zorn, L'Aire, Lausanne, 1980.

menos, ao restringir o poder do superego, a psicoterapia foi bem-sucedida.

Pelo ato de escrever, Zorn dá sentido àquilo que não o tem, transforma em destino uma vida efêmera. O contingente transforma-se em necessidade ao mesmo tempo que se desloca o centro de gravidade de fora para dentro. A alienação dos acontecimentos exteriores sucede a tomada de consciência e a lúcida posse de si, porém, de um si despojado diante da morte iminente. Doravante tudo se carrega de significações, torna-se o lugar onde o literal transforma-se em figurado. Assim no caso da assimilação do câncer a "lágrimas reprimidas": "De um ponto de vista estritamente medical, diz Zorn, tal diagnóstico de cunho poético, evidentemente, não é exato; mas, aplicado ao conjunto da pessoa, ele diz a verdade" (p.153). Além disso, à medida que o câncer se expande, os tumores adquirem uma significação que vai do simbólico ao demoníaco: "Cada novo tumor parece que representa, no mais profundo de sua origem psicossomática, a figura grotescamente careteira, diabólica, de meus pais" (p.228). E, no entanto, não se trata da decriptagem de um sentido, mas da criação integral do sentido. Sem mudar o ser do objeto, o sentido modifica-lhe simplesmente a iluminação. Por isso, o sentido aqui não é a origem do sintoma "psicossomático", tampouco a elaboração delirante de uma doença orgânica, ele é o equivalente de uma projeção por que se inicia o processo de cura. Daí, nas proximidades do fim, desenvolvimentos que se esforçam por inserir o destino de Zorn num desígnio sociológico ou astrológico mais amplo. Apesar de seu propósito totalizante, essas interpretações emanam de uma consciência lúcida, não obcecada por suas projeções. Num funcionamento de que o imaginário é excluído, elas são equivalentes do delírio, mais próximas, portanto, de uma racionalização que fica distinta de seu objeto ("Posso até identificar-me com Satã", p.259) e não "Sou Satã".

Se a narração de Zorn parece tragicamente simples é porque uma única linha a atravessa: o recalque bem-sucedido do imaginário em proveito da adaptação social mediatizada pelo superego corporal. Resulta disso uma patologia marcada *a priori* pela depressão e na qual a formação caracterial prevalece sobre a formação sintomática ligada ao fracasso do recalque. As possibilidades regressivas, indispensáveis a todo trabalho psicoterapêutico, acham-se aqui reduzidas à sua expressão mais simples. Nesta patologia do banal, a somatização é o equivalente da regressão, não tem outro sentido senão literal, outro qualificativo a não ser neutro e atinge o corpo real no seu funcionamento vital. A localização só se torna simbólica posteriormente. Por isso, a somatização aparece em correlação negativa com o imaginário, quando, numa situação de impasse, o conflito revela-se insolúvel porque impensável (a = não-a). O que cria, independentemente de qualquer doença orgânica particular como de qualquer perfil psicológico específico, uma situação de risco maximal que predispõe à somatização, a qual pode ser precipitada pela perda, impossível de ser elaborada, do objeto narcísico. E do começo ao fim de uma vida ausente a si mesma, reitera-se implacavelmente, sem a menor possibilidade de mudança, até a exaustão final, um só e mesmo funcionamento em face de um só e mesmo objeto[33].

Os fatores evidenciados na análise de Zorn são, na realidade, generalizáveis. Permitem formular uma hipótese sobre a etiologia psicossomática do câncer. É de supor que o câncer, em algumas de suas formas, seja a atualização, numa situação de impasse, de uma potencialidade biológica, que essa potencialidade inscreva-se num funcionamento caracterial rígido, marcado pelo recalque bem-sucedido do imaginário, ao mesmo tempo que por uma depressão caracterial difusa e que a própria somatização seja ocasionada por um luto inelaborável. Na direção de uma formulação como essa é que tendem muitos estudos clínicos, estatísticos e experimentais[34].

---

33 "*Puzzle*", na única obra de ficção publicada por Zorn, torna-se este objeto único que é igualmente todos os objetos. "Que se pense nos santos eremitas de Zurichberg que, no decorrer de suas meditações sobre o *puzzle*, descobriram que a palavra *puzzle* inclui todas as possibilidades do ser e a soma de todas as idéias. O vocabulário da linguagem desses santos homens já se reduz à palavra *puzzle*, que contém todos os sentidos possíveis". *Le premier puzzle de Zurich*, p.94, L'Aire, Lausanne, 1980.
Para quem é escritor autêntico — é o caso de Zorn —, renunciar a escrever equivale a um suicídio.

34 Um excelente trabalho faz um balanço do estado da questão. Ver C.B. Bahnson. "Psychosomatic issues in cancer", in R.L. Gallon (Edit.): *Psychosomatic Approach to Illness*, p.53

Daí a considerar o câncer uma "doença psicossomática", há um passo apenas.

Não vamos dar este passo, já que as duas espécies de fatores etiológicos, a patologia da adaptação e a situação de impasse, embora se encontrem no câncer, encontram-se também em outra parte. Elas delineiam assim um lugar neutro onde se realiza uma somatização neutra. Somatização que não tem nada de específico, fora do fato que, em toda a parte, ela vem ao ser no lugar do imaginário[35].

---

sq. Elsevier Biochemical, Nova York, 1982.
Cf. R.E. Renneket *et al.*, "Psychoanalytical explorations of emotional correlates of cancer of the breast", *in Psychosomatic Medicine*, 25, 2, 1963.

35 Toda interpretação "psicossomática" do câncer deve levar em conta, por um lado, os dados epidemiológicos, por outro lado, os fatores cancerígenos e congenitais.

II Da Histeria
Uma teoria psicossomática

O tema da histeria é desenvolvido aqui de duas maneiras convergentes. Uma primeira parte, *teórica*, analisa a histeria enquanto síndrome psicossomática concernente ao modelo multidimensional de somatização. Uma segunda parte, *histórica*, aprofunda os laços teóricos levantados na primeira parte, mostrando, em *Estudos sobre a histeria*, de Freud e Breuer, que as somatizações histéricas são inseparáveis das não histéricas, o que, portanto, questiona o próprio ponto de partida da psicanálise. Dois tempos de uma demonstração em que, em momento algum, perde-se de vista a complexidade da realidade clínica.

Primeira parte[1]

1. Desde sua criação, enquanto conceito "psicológico", a histeria parece indissoluvelmente ligada ao sonho e ao poder oculto do corpo que permeia o sonho. Dizer, como Breuer, que a histeria origina-se em "estados hipnóides" que o método catártico esforça-se por recriar, não deixa de representar uma descrição rigorosa

---

1 Uma versão menos extensa desta primeira parte foi publicada in *Psychanalyse à l'Université*, outubro de 1985, sob o título: "Uma teoria psicossomática da histeria".

(logo abandonada a favor da descoberta freudiana do recalque), deste fato estranho: aqui, corpo e sonho são modelados na mesma matéria fabulosa. Matéria fluida, inapreensível, ela é subjacente ao visível que a manifesta, capaz, porém, de, subitamente, petrificar-se em torno de um "traumatismo", imagem temática fundamental. Petrificação que é, a uma só vez, sedimentação de uma lembrança que adquiriu a função e intensidade da imagem onírica na qual se atualiza o desejo, e suspensão do funcionamento corporal, com vistas a impedir esta mesma atualização.

Na histeria, o distúrbio funcional, sensorial tanto quanto motor, parece, portanto, uma como que ação mágica destinada a anular por completo a "loucura"[2] de um desejo que tira pretexto dos acontecimentos do dia-a-dia mais banal, mais "monótono"[3], para realizar-se imediatamente: desmedido, incomensurável. A alucinação é a forma privilegiada desta realização em que o real é totalmente absorvido pelo imaginário, um imaginário onírico que é projeção por excelência, objetivação de si fora de si, transformação do sujeito em objeto, substituição do modo optativo do discurso pelo modo indicativo[4].

O corpo histérico é o correlativo de uma projeção que revoluciona radicalmente o funcionamento psíquico, mas nem por isso deixa de integrar-se no funcionamento racional, tal como a lembrança do sonho na consciência vigil. Se é verdade que, ao constituir-se, a histeria é uma projeção que se assemelha à psicose alucinatória — "psicose histérica"[5] sem dúvida —, ela é, também e acima de tudo, uma suspensão do funcionamento psicótico. "Contradição"[6] que faz que, na histeria, coexistam sem se destruirem deva-

---

2 "Nos estados hipnóides, trata-se apenas de um alienado como todos nós o somos em nossos sonhos". S. Freud e J. Breuer. *Études sur l'hystérie*, p.9, P.U.F., Paris, 1956.
3 *Ibid.*, p.9.
4 S. Freud. *Le mot d'esprit et ses rapports avec l'inconscient*, p.249. Gallimard, Paris, 1930.
5 S. Freud e J. Breuer. *Études sur l'hystérie*, p.6.
6 *Ibid.*, p.9.

neio e lucidez, loucura e razão, processo primário e processo secundário[7].

No entanto, na histeria, o corpo é real tanto quanto imaginário. Comparável nesse ponto com o sonho que tem fontes somáticas, o sintoma histérico atualiza igualmente uma potencialidade orgânica que, no momento do sonho, oferece-se à elaboração projetiva, convertendo o desprazer em prazer. Como os restos diurnos que entram na formação do sonho, a realidade corporal só pode contribuir à criação do sintoma histérico se ela apresenta um caráter de adequação: deve estar apta a materializar o desejo alucinado.

A "complacência somática" indica exatamente como a realidade corporal, já trabalhada pela doença orgânica, torna-se maleável o bastante, de forma que pode participar das metamorfoses do corpo imaginário. Tal persistência do corpo real para além do corpo imaginário, enquanto a dualidade funde-se num corporal onírico, é que abre, de pronto, à interrogação o campo da psicossomática[8], no momento exato em que se constitui o conceito da histeria.

2. Sabe-se, com efeito, desde Ana O., mas finge-se não lembrar do fato, que os casos de conversão histérica apresentam singulares misturas em que o psíquico puro coexiste com o orgânico puro e a ação psicoterapêutica pode ter as incidências mais marcantes no plano orgânico. A modificação sintomática que se efetua fica inseparável, por um lado, do desenvolvimento da transferência, por outro lado, da possibilidade de somatizações não histéricas que então começam a aparecer. Cumpre à psicossomática da histeria

---

7 A respeito de Emmy V.N., Freud ressalta: "o aparecimento fácil dos delírios e alucinações com uma atividade mental que permanece, no entanto, intata ...". *Ibid.*, p.67.

8 Sobre o estado atual da pesquisa psicanalítica concernente à histeria, ver J. Laplanche. "Panel on hysteria today". *Intern J. Psychoanal.*, 55, 1974.
Sobre a clínica psicossomática da histeria, ver M. Robert, "Aspects psychologiques du travail de l'omnipraticien". *Folia Psychopractica Roche*, 19, 1982. C. Ford. *The Somatizing Disorders*, p.49 sq. Elsevier Biomedical, Nova York, 1983.

analisar essa dupla eventualidade inscrita numa evolução na qual o sujeito está implicado por sua referência ao psíquico e ao somático. Não há dúvida de que, se o sintoma histérico "fala"[9], nem por isso ele é redutível à linguagem, embora seja dependente da mesma fonte que a linguagem[10], fonte que o corpo fornece por suas mais elementares possibilidades expressivas e se encontra integralmente na elaboração onírica.

Como a própria imagem do sonho, o sintoma histérico expressa o verbal por meio do figurativo. "Hieróglifos"[11] em que a palavra é ainda a coisa, e "alfabeto" em que a letra é o objeto, e o objeto, o gesto que o desenha como potencialidade. Na histeria, o corpo materializa significações corporais que ele mesmo cria por projeção (a sensação de aura histérica na garganta, escreve Freud, produzia-se paralelamente ao pensamento: "Eis-me obrigada a engolir isto"[12], ou ainda, "na astasia-abasia, as frases como: ficar paralisada, não ter apoio nenhum, servem de pano de fundo a este novo ato de conversão"[13]).

Ora, ainda que múltiplo, e seja qual for seu apoio orgânico, o sentido que nele se decifra é constitutivo do próprio ser do sintoma: *sentido primário,* que é importante distinguir do *sentido secundário.* Uma seqüência de breves ilustrações clínicas servirá para esclarecer esse ponto.

Z. é uma mulher jovem, de estrutura alérgica, que sofreu principalmente de asma infantil, mas está sujeita agora a freqüentes enxaquecas. Durante uma sessão, especialmente, queixa-se de dor na nuca: beliscaduras e sensação de perder o equilíbrio, ao mesmo tempo que a cabeça fica isolada do resto do corpo e as partes alta e baixa do corpo não comunicam mais. Ela relata um sonho da véspera, que prefigura o estado orgânico em que se encontra atual-

---

9 S. Freud e J. Breuer. *Études sur l'hystérie*, p.117.
10 *Ibid.*, p.145.
11 *Ibid.*, p.101.
12 S. Freud e J. Breuer. *Études sur l'hystérie*, p.144.
13 *Ibid.*, p.140.

Da histeria: uma teoria psicossomática 41

mente. Na cama, ao lado de duas pessoas, sente vagamente chegarem suas regras, preocupa-se por ter maculado o lençol e o inspeciona: nenhum vestígio de sangue. Na altura da nuca, porém, no lugar exato que ocupava, tem o olhar atraído por uma mancha de sangue preto.

Z. observa que a cor escura do sangue antes indica o fim da menstruação. Indicação que só adquire sentido quando se estabelece a comparação com o interdito que atinge globalmente a sexualidade: Z. só tem o direito de ter regras que terminam... para sempre. Mas, acima de tudo, não se pode evocar a sexualidade numa situação transferêncial em que o analista é colocado no lugar de uma mãe que interdita, mãe de que Z. depende, por outro lado, segundo um modo relacional próprio da alergia, até na própria existência corporal. Um luto inelaborável obriga Z. a negar a si mesma, a negar nela todo desejo e aspiração, a fim de não tomar consciência da realidade da perda, ou seja, que ela própria sobrevivera àquela que não existe mais.

Todavia, a interdição, longe de permanecer na esfera psíquica, desviou-se para o conjunto do corpo. Daí modificações dinâmicas que, em Z., são igualmente as que permeiam a enxaqueca. A cabeça é dissociada do resto do corpo, do qual se tornou a representante. A excitação sexual deslocou-se de baixo para cima e o prazer transformou-se em dor. A interpretação explicita precisamente tudo isso, liberando assim uma impossível palavra que, para negar a si mesma, deve negar o corpo. Participando de uma sintomatologia complexa, a somatização, no caso, nem por isso deixa de estar ligada à conversão histérica. A dor na nuca é a efêmera criação de uma noite, assim como o sonho que a prepara e de que ela é o prolongamento diurno.

Eis agora outro exemplo em que o sentido primário do sintoma desdobra-se num provável fundo orgânico.

Y., mulher de meia-idade, apresenta, há alguns anos, discretos distúrbios relativos à rigidez muscular, que sugere uma síndrome parkinsoniana. A evolução de Y. na análise permenece extremamente lenta, marcada, no plano inconsciente, pela identificação maciça com uma mãe descrita como sendo ao mesmo tempo, para esta filha única, "uma incubadeira e uma golilha". Com efeito, se o prazer é proibido, a proibição aparece sempre nos sonhos como uma compressão física global, encontrando-se o corpo amarrado com cordas, comprimido num espartilho, preso numa morsa. Se o sonho é com carro ou trem, o destaque é o sistema de freios, a tal ponto que o movimento anula-se em proveito do deslizamento inercial.

Raras vezes, a inibição desaparece e, então, os sonhos são de liberação física total: dançar, patinar, deslocar-se sem mesmo roçar o chão. Se há descarga motora, permanece sempre controlada, submetida a uma forma de expressão "aceitável" em que o investimento sexual do corpo, seduzido tanto quanto procurando seduzir, efetua-se em movimentos solitários.

Quando a mãe vem a falecer, os sintomas orgânicos — cãibras nas pernas e nas mãos, especialmente — apresentam, em Y., um nítido agravamento, o qual se revela uma identificação reparadora com a mãe morta, cujo papel de rival começa a despontar. Sob o efeito de um sentimento de culpabilidade perfeitamente inconsciente, Y. "vive-se" com um corpo inerte, que não tem o direito de viver, nem sobretudo de sobreviver. Vários sonhos edipianos são relatados, um dos quais, particularmente, é seguido, na hora exata do despertar, de cãibras nas pernas. Neste sonho Y. está junto com um amigo íntimo de antigamente, uma ligação que a mãe ignorava por completo; ela deve prestar um exame ao mesmo tempo que o amigo. Uma professora faz a Y. uma pergunta que não sabe responder. A examinadora pede então ao amigo que lhe massageie as pernas. Y. foge horrorizada.

Ligadas geralmente à angústia do despertar e ao enfrentamento com os outros, as cãibras, aí, representam o desejo de substituir a mãe junto do pai para que este "lhe massageie as pernas", e a punição acarretada por um desejo como esse. O desaparecimento efetivo da rival reforça no plano transferencial esse duplo movimento. Ora, alguns meses depois, Y. vê-se em sonho como uma menina de cinco anos e o pai enxugando-lhe os pés com uma toalha. Em seguida, com o pé, ela acaricia um pênis solto que não pertence a ninguém. Ao despertar, verifica, surpresa, que não tem cãibras.

O sentido primário do sintoma deixa-se facilmente decifrar numa relação transferencial sexualizada cujos eventuais transtornos, no entanto, não devem fazer esquecer um possível segundo plano orgânico. A conversão histérica ("Eu bem que desconfio que as cãibras acontecem é na minha cabeça") não se alia de forma alguma — tampouco em Z. — àquilo que se pode chamar de estrutura histérica[14].

Totalmente outro é o sentido secundário que um sintoma orgânico verdadeiro pode adquirir posteriormente.

X. — de mais ou menos trinta anos —, está com esclerose múltipla, o que o obriga a deslocar-se numa cadeira de rodas. A seu pedido, eu vou à sua casa porque — afirma — está prestes a tomar uma importante decisão. Mal fechada a porta — sinal de uma angústia à flor da pele —, ele pede desculpa, porque ele tem de "fazer xixi". Na volta, ele explica que, graças a uma psicoterapia anterior, ele entende agora que "escolhera" sua doença a fim de poder impunemente comportar-se mal: sujar-se, ficar sentado, não ceder seu lugar, etc. Umas tantas "tolices" antecipadamente desculpáveis.

Assim, de saída, já se impõem três evidências: uma angústia corporal desviada para a incontinência, que revela uma extrema vulnerabilidade diante de uma figura de autoridade; um conformismo

---

14 Não é certeza que as cãibras façam parte da síndrome parkinsoniana, síndrome sobre cujo diagnóstico as análises biológicas hesitam a se definir. Ora, toda a análise de Y. está marcada por essa ambigüidade. Assim é que, por um lado, embora a sintomatologia orgânica pareça responder positivamente à quimioterapia, o que é um argumento a favor da doença de Parkinson, não deixa de ser verdade que "panes" e "freadas" sempre existiram, por outras razões, como sintomas de inibição. O que faz Y. dizer que ela tem exatamente a doença que corresponde a seu caráter. Por outro lado, a evolução da doença parece estar tão estreitamente ligada à depressão, à identificação com a mãe morta que, quando, por causa do trabalho analítico, termina essa identificação, a saída da depressão provoca uma notável melhora do estado físico. Salvo detalhes, é a cura, mas isto não exclui uma etiologia mista.

social que a doença torna inaplicável; a própria doença que se explica "psicologicamente" pelo desejo de opor-se ao conformismo. Mais do que uma racionalização, trata-se aqui de uma verdadeira recusa da realidade, que, aos poucos, assumirá as proporções da interpretação delirante.

A esclerose múltipla, em X., começa com dezoito anos de idade, logo depois da morte do pai, por uma diplopia que a cortisona faz completamente regredir. Com vinte e um anos, ainda virgem, casa-se, mas sofre de ejaculação precoce e, mais tarde, de impotência. É esse sintoma que é reproduzido de forma simplificada pela necessidade de urinar no início da entrevista. Filho único, X. apresenta sua mãe como "superprotetora", e seu pai, militar de carreira, como exigente e preocupado demais com a saúde do filho, a ponto de medir-lhe diariamente a temperatura e afo-bar-se com qualquer desvio do "normal", estando tudo anotado numa caderneta. Tamanha ansiedade é suscetível de criar um clima de insegurança propício às somatizações, que se desenvolvem imediatamente no campo alérgico. Assim, aparecem uma asma precoce, que alterna até a idade de onze anos com eczema, e, aos oito meses, uma poliomielite aparentemente "curada sem deixar seqüelas".

Ora, não é por acaso que a lembrança do pai foi associada aos cuidados dispensados ao filho doente (ungir e enfaixar mãos eczematosas, particularmente), pois tal imagem corresponde, na realidade, ao papel atribuído ao analista durante a entrevista, deixando, além disso, transparecer que no plano inconsciente existe apenas uma figura que é a materna e na qual se confundem manipulações corporais e exigências da moral conformista, corpo e corpus de regras determinadas por um "superego corporal"[15].

Aos onze anos, no momento em que vai mudar de escola, X. cai e quebra o braço esquerdo. É o começo de um período agitado, pontilhado por diversas doenças, sarampo e cólicas nefréticas, en-

---

15 Sami-Ali. *Le visuel et le tactile. Essai sur la psychose et l'allergie*, p.67 sq, Dunod, Paris, 1984.

tre outras, por que se expressa a "recusa de crescer". Aliás, é por necessidade de reencontrar o lactente que foi, que, segundo X., se explica a sua longa história de doenças. Um olhar lúcido, no entanto, faz ele reconhecer, para além de toda explicação retrospectiva, que "vive-se sozinho e morre-se sozinho".

Provavelmente estejamos aqui diante de uma "patologia da adaptação"[16] cujo traço mais singular é a inacessibilidade à atividade do sonho. Não, X. "não sonha". Esquecimento sistemático da face noturna do ser e sinal de um recalque duradouro de toda a função onírica.

Dois sonhos, porém, resistem ao apagamento, permitindo entrever o que o motiva. O primeiro que se segue de perto ao divórcio com a mulher ("maternal e autoritária, deixei a dominação de minha mãe para a de minha mulher") exprime o sentimento de uma liberdade reencontrada: alegremente, X. desce os degraus de uma escada sem corrimão. O outro, em contrapartida, situa-se no início do casamento: uma surda culpabilidade em relação à mãe colocada no lugar da instância paterna proibidora transforma o sonho em pesadelo, "o pesadelo, a coisa mais terrível que nunca vi". Acusado pela mãe de ter cometido uma falta que ele dissimula (trata-se de papéis), X. acorda aterrorizado, acalma-se apenas depois de ter escrito o que acabara de "ver". Quando relata o sonho ao professor de ioga, este o tranqüiliza: "Mas é muito bom, isto prova seu desejo de crescer".

Seja como for, os dois únicos sonhos de que X. guarda lembrança isolam, como entre parênteses, um acontecimento no qual, através da vergonha e da angústia, esboça-se pela primeira vez uma tentativa de liberação da dominação materna. Está-se tão longe quanto possível da organização edipiana. O que desencadeia o recalque da função onírica parece que é a emergência, na forma de um pesadelo, de uma situação conflituosa inelaborável. As portas do sonho fecham-se aos fantasmas: não se sonha mais para não sonhar com isso. O recalque de um conteúdo passa por aquele, radi-

---

16 Sami-Ali. *Le banal*, p.77 *sq*, Gallimard, Paris, 1980.

cal, de uma função. Isolando-se da vida onírica, evita-se a si mesmo as angústias precoces de uma relação que, como em todas as alergias, nunca deixou de ser exclusivamente dual[17].

Se X. quis me encontrar, é que adquirira a certeza de que sua doença era "psicológica". Não era isso que seu ex-psicoterapeuta deixava entender, afirmando que "dependia só dele sair dessa", ou esse outro psiquiatra assegurando-lhe: "o senhor não está doente"?

Assumindo o próprio destino, enquanto, por outro lado, reclama, em determinada situação transferencial, o aval daquele que lhe foi apresentado como "milagreiro", X. pretende fazer ginástica e natação. Projeto que vai de par com a "descoberta", a partir do fato de que voltamos à terra de onde saímos, de uma nova religião fundamentada na adoração de uma deusa, "a deusa terra", de maneira que a atividade corporal prevista adquire um valor simbólico coerente: "Nadar é voltar ao ventre materno". Assim se precisa uma elaboração projetiva generalizada que tende a romper a dependência para com o objeto materno e a tomar inteiramente posse dele, a unir-se-lhe para além do espaço e do tempo. Pela própria extravagância, pois que é negação delirante da realidade corporal tanto quanto afirmação da onipotência do desejo, tal elaboração tem a virtude de insuflar ao corpo um novo vigor. É o primeiro esboço de um distanciamento do desamparo físico e da possibilidade de sair, nem que seja provisoriamente, do impasse em que X. se fechou.

Se a projeção encarrega-se disso, é porque a projeção em si confunde-se com o processo de cura. Aquilo que Freud diz sobre o delírio paranóico, a saber que "O que julgamos ser produção mórbida, a formação do delírio, é na realidade a tentativa de cura, a reconstrução"[18], aplica-se eminentemente à doença orgânica, quando acompanhada de fenômenos projetivos. Conferir retrospectivamente ao sintoma um sentido, por meio da projeção, numa última tentativa de justificar o injustificável, pode então marcar a

---
17 Sami-Ali. *Le visuel et le tactile. Essai sur la psychose et l'allergie*, p.103.
18 S. Freud. "Le Président Schreber", *in Cinq psychanalyses*, p.315, P.U.F., Paris, 1954.

passagem — a qual modifica em profundidade todo o funcionamento psicossomático — do corpo real ao corpo imaginário. Pode até se estabelecer uma correlação *negativa* entre projeção e somatização[19], o que, entre outras razões, explica a raridade, se não a ausência, de doenças orgânicas nas psicoses estruturadas.

3. Isso, no entanto, representa apenas a metade da verdade, pois, ao invés da histeria, em que o corpo é modelado por um imaginário que o "desrealiza", a somatização deve ser concebida em correlação positiva com a projeção. Apreendemos aí as duas extremidades de uma somatização, em que se decide o destino do ser humano enquanto unidade psicossomática e que se articula em torno do processo projetivo.

Todos os matizes intermediários são permitidos conforme prevalece uma ou outra variante da projeção. Não limitada, de forma nenhuma, a seu papel defensivo, suporte, pelo contrário, do conjunto do funcionamento psicossomático, a projeção comporta numerosas modalidades em que, sem solução de continuidade, consciente e inconsciente combinam-se, cada vez, de forma original e diferenciada. Delineia-se, assim, por oposição ao real, a dimensão do imaginário constituída, por um lado, pelo sonho e, por outro, pelos equivalentes do sonho, ou seja, a alucinação, o delírio, o fantasma, o jogo, a crença, o comportamento mágico, o *acting out* com valor onírico, o sentimento do estranhamente inquietante, o afeto, que, em geral, é posse mágica do objeto e pelo objeto, a transferência[20].

---

19 Ver Sami-Ali. *Corps réel — corps imaginaire*, p.119, Dunod, Paris, 1984.

20 Cabe precisar o estatuto do imaginário na transferência. Oscilando entre o real e o imaginário, a transferência é assimilável a uma atividade onírica em estado de vigília, atividade que é modificada pela condição vigil; é uma atividade através da qual surge, no tempo, fora do tempo, com força de adesão e crença totais, um acontecimento imemorial. É verdade que a transferência não é a projeção, ainda que, com a proximidade da psicose, ela possa imperceptivelmente transformar-se em projeção, perdendo-se então a distância com aquilo que foi projetado enquanto realidade (*a projeção é sempre projeção de uma realidade*). Entre transferência e projeção, a diferença é de grau, não de natureza. A transferência aparece assim como uma projeção inconsciente suspensa pelo funcionamen-

Para apreender na sua totalidade o fenômeno psicossomático, é mister, portanto, determinar o vínculo exato entre o imaginário e determinada forma de somatização. Vínculo que, necessariamente, passa por um processo específico de recalque, o do imaginário. Ora, na somatização histérica, o recalque fracassa, já que, conforme o modelo freudiano da formação sintomática em geral, o sintoma conversional corresponde ao fracasso do recalque e ao retorno do recalcado. A somatização não histérica, quanto a ela, define-se pelo sucesso do recalque do imaginário, recalque que se mantém graças a uma formação caracterial que se instala progressivamente, em face do sonho e de seus equivalentes. É dizer que o recalque duradouro do imaginário não pode efetuar-se sem a transformação do conjunto do funcionamento psicossomático.

Periodicamente, com efeito, mas sobretudo nos anos da puberdade, tal funcionamento enfrenta a irrupção repetitiva do recalcado na forma de pesadelos, insônias, angústias fragmentantes[21]. Quando finalmente a calma volta, percebe-se que a situação interna não foi controlada senão pela formação de uma atitude caracterial permanente, um desinvestimento que é, na realidade, um contra-investimento inconsciente do imaginário, de par com um sobreinvestimento do real. O esquecimento dos sonhos torna-se sistemático e, doravante, o real identificado com o racional do modelo social é que vem ocupar o vazio deixado pela retração do imaginá-

---

to consciente, na qual se acredita sem acreditar, pela qual se deixa iludir por um tempo, com a qual se coincide, porém, para dela se afastar. Influenciada, a razão não se perde nela. Por isso é que aquilo que foi vivido primeiro como uma realidade refrata-se agora na atividade vigil, torna-se uma imagem da qual se reconhece a inadequação em relação ao real; é, portanto, uma "pseudo-realidade", uma realidade "como se", que a elaboração interpretativa transferencial — a qual tira essa dupla referência do inconsciente e do consciente ("tudo se passa, de fato, como se ...") — encarrega-se de trazer de volta ao "demoníaco" da repetição. Doravante, o temporal é engodo do intemporal.

21 Que uma coisa, pelo menos, fique clara: salvo o caso da criança, o pesadelo não pode ser imputado a uma elaboração psíquica insuficiente, e, com isso, interpretado como o sinal de uma "fraqueza do sistema pré-consciente", pois do pesadelo, pelo contrário, é aquilo que ocorre ao recalcado quando o recalque acha-se subitamente forçado. "O pesadelo só aparece quando a censura foi vencida, inteira ou parcialmente", diz Freud (*L'interprétation des rêves*, p.233, P.U.F., Paris, 1980). Ele está, portanto, ligado ao retorno maciço do recalcado e, como o observa justamente Jones, à profundidade do recalque (E. Jones. *Le cauchemar*, p.35, Paris, 1973). Remete, em todo caso, à problemática do superego.

rio. Vazio aparente, em todo caso, que não é o nada do funcionamento, mas outro funcionamento possibilitado pelo recalque de uma função. O sonho não faz mais parte da experiência vivida, ele já está além do esquecimento circunstanciado. A ausência do imaginário não é, portanto, uma "carência", um não-ser real[22]. Ela é o que ocorre ao funcionamento psicossomático quando o recalque caracterial interdita totalmente o acesso à vida onírica. Nesse sentido, o recalque persistente dos sonhos, no qual se realiza um compromisso caracterial entre a necessidade de dormir e o medo de sonhar, deve ser tido como a forma mais acabada da insônia, a qual, originalmente, é uma defesa desesperada contra a atividade onírica[23].

Dessa configuração de condições dinâmicas nasce uma personalidade conforme às normas socioculturais que, uma vez interiorizadas, ela trata de reproduzir. Reprodução que é repetição do mesmo, introdução progressiva de regras adaptativas por que se define um modo de viver que faz abstração do subjetivo — uma subjetividade sem sujeito.

Se a essa personalidade mistura-se uma qualquer somatização, esta só poderia ser orgânica, destacando-se sobre um fundo caracterial inalterado, se não inalterável, e realizar-se numa situação de impasse em que os próprios termos do conflito, próximo nisso da vertente psicótica, tormam-se impensáveis porque contraditórios (a = não-a). Patologia da adaptação, por conseguinte, caracterizada pelo recalque persistente do imaginário, e na qual os sintomas orgânicos, por não resultarem do fracasso do recalque e do retorno do recalcado, são o que são. Seu sentido simbólico só pode ser

---

22 P. Marty. *L'ordre psychosomatique*, p.62 *sq*, Payot, Paris, 1980.

23 Todo o trabalho psicoterapêutico que modifica de alguma forma o funcionamento psicossomático leva aqueles que "não sonham", desde há muito tempo, a sonharem. A supressão do recalque caracterial permite que se tenha novamente acesso a uma atividade de sonho, a qual, infalivelmente, assume a forma dos pesadelos. Parece, assim, que se regressa ao momento em que, às voltas com o retorno do recalcado, começa a efetuar-se o recalque de toda a atividade do sonho. É que, para o sonhador, lembrar-se dos sonhos, mas não se reconhecer neles, descobrir-se neles radicalmente estranho a si-mesmo, beira a despersonalização.

secundário. A somatização do *literal* corresponde assim à somatização do *figurado* na histeria. As duas somatizações, porém, podem coexistir se, de súbito, a atividade onírica acha-se afastada do campo do consciente. É quando se verifica a presença simultânea do literal e do figurado dentro de uma organização caracterial histérica que parece chegar a seu limite.

Esse é precisamente o caso de B., mulher jovem cuja principal queixa é a dificuldade de estabelecer laços afetivos duradouros. Movida pelo fantasma do "princípe encantado", sua vida sexual é um contínuo acting out, que não exclui a promiscuidade, uma busca desvairada do pai e de um filho do pai, atiçada também por lembranças da infância, quando o pai brincava de ser esposo da filha. A atividade sexual marcada pelo desejo de seduzir todos os homens, que são o mesmo homem, está assim separada de suas raízes afetivas inconscientes: cada aventura reproduz a que a precede, decepção e desestima de si própria substituem as ilusões da felicidade reencontrada. Impulsão que, ao condenar B. à repetição, não deixa de ter o propósito de manter, por uma descarga pontual da angústia, o recalque caracterial de toda vida fantasmática. O atual, contra o qual B. esbarra incansavelmente, com a esperança de encontrar para seu problema uma solução vinda de fora, vem aqui reforçar um primeiro recalque, ao mesmo tempo que lhe suplanta o recalcado.

Paralelamente a essa orientação excêntrica de si própria, ligada ao deslocamento fóbico do conflito do dentro para o fora, a atividade onírica tampouco se subtrai ao recalque. Com efeito, B. não se lembra de seus sonhos e foi necessário um longo trabalho analítico para que os sonhos pudessem voltar. De volta, nem por isso estão eles providos de sentido. Principalmente, o vínculo com o passado, por um lado, e com a transferência, por outro lado, continua, por bastante tempo, marcantemente vago. Mais ainda, mesmo elucidados, os sonhos de B. permanecem isolados, fora do contexto, não integrados, não integráveis e bem perto do esquecimento de que acabam de sair. Mais dia menos dia, desaparecerão novamente. Aquilo que escapa ao recalque é, com o tempo, retomado por ele. Fluxo e refluxo característicos de uma análise em que cada sessão é começo, recomeço, até que pacientemente se efetue a difícil aprendizagem dos sonhos. O obstáculo não é a fraqueza do sistema de ligação pré-consciente,[24] mas a formidável recusa de toda a função onírica.

Em B., porém, a prática dos sonhos permanece bastante restrita, irregular, entrecortada de longos períodos de ausência de sonhos. Sutil oscilação entre segurar e largar, e aceitação circunstanciada deste outro si mesmo que não é bem si mesmo. Pois, apesar da duração excepcional dessa análise, o recalque caracterial continua assim mesmo a pesar sobre o funcionamento psíquico que, no intervalo, tornou-se mais flexível e mais aberto à vida onírica. O recalque do imaginário alterna com a interrupção do recalque, o que ocasiona duas formas irredutíveis de somatização, o literal e o figurado. Um episódio, situado mais ou menos no fim da análise, representa um bom resumo desse quadro.

Depois do desaparecimento brutal do pai, B. vive um período de luto que nenhum sonho vem aliviar. De fato, os sonhos ligados a essa morte limitam-se a reproduzir, sem mais, um acontecimento traumático mesmo. Em meio à afobação e angústia causadas pela urgência do tempo, B. assiste ao enterro do pai. Nunca esse aparece vivo, como se, pasmado, o trabalho do luto não pudesse negar a perda. Em contrapartida, essa negação não tardará a se manifestar na forma — desviada — de um acesso hipomaníaco que, de ruptura em ruptura, cria o vazio completo em redor. Liquidação sofrida sem elaboração interna, anunciadora da depressão, que, em determinado momento, insidiosamente, consegue investir todo o espaço psíquico. Então o recalque da atividade do sonho torna-se total: a memória já não retém imagens noturnas. Separação de si mesma, separação dos outros, todos os contatos carecem de profundidade. A energia, bloqueada, esgota-se interiormente, sem poder transpor determinado limite. E tudo pára, às voltas com um terrível sentimento de culpabilidade, envolvente tanto quanto impalpável. Logo, viver se tornará problemático, com uma perda do apeti-

---

24 Ver P. Marty. *L'ordre psychosomatique*, p.62 *sq*, Payot, Paris, 1980.

te que dificultará qualquer forma de alimentação. Uma anorexia instala-se, histérica sem dúvida, que se enraiza unicamente na repugnância oral sexual, e que, portanto, deve ser distinguida de sua variante psicótica, totalmente estruturada segundo o modo projetivo em torno da angústia precoce de comer a mãe e por ela ser comida.

Que uma patologia como essa estoure assim, depois de tantos anos de trabalho analítico, basta para mergulhar B. no desespero: sem dúvida, a análise não serviu para nada. Com isso, porém, é que, pela primeira vez, afluem autocríticas baseadas no sentimento inconsciente de culpabilidade. Finalmente, um sonho vem à tona, recapitulativo. À mãe que a culpa por seu mal-estar ("você me mata"), B. retruca: "Que morra!". Expressão de uma violência até então desconhecida, que, na situação transferencial, revela a anorexia como sendo o desejo de destruir a mãe, destruindo a si mesma, de castrá-la, castrando-se[25], de vingar-se daquela que a tem privado definitivamente do pai. A vida onírica recomeça pouco a pouco, ao mesmo tempo que o gosto pela vida. A depressão esvaece-se, mas deixa seqüelas orgânicas, como se o recalque prolongado da atividade do sonho não pudesse deixar de revolucionar toda a fisiologia do corpo real. Sobre um fundo esvaziado pela retração dos sonhos, B. descobre-se um nódulo na tireóide. Ora, embora nada indique o caráter maligno do nódulo, as opiniões ficam divididas sobre uma eventual operação. As inquietações experimentadas por B., por mais fundadas que estejam, ao invés de lançá-la num agir desenfreado, servem ao contrário de pretexto a B. para um verdadeiro retorno sobre si mesma.

B. se dá um tempo, durante o qual os sonhos mudam, podem agora ir para além do luto. Num sonho, em particular, B. vê o pai vivo, bem vivo, ela se alegra com isso, mas não ousa tocá-lo, a mãe estando discretamente presente. Conseqüentemente, esclare-

---

25 A problemática fálica em B. deixa perceber, de pronto, que o corpo e o sonho pertencem à mesma essência imaginária. Num sonho, por exemplo, B. mostra ao analista vergões na coxa, associando-as a feridas causadas por verga — o pênis. É o corpo imaginário que mediatiza o trocadilho.

Da histeria: uma teoria psicossomática 53

ce-se o motivo secreto desses sonhos repetitivos destinados a dar forma à ausência e em que, infalivelmente, B. vê o pai morto: é que não tem o direito de vê-lo vivo! Sonhos que, portanto, são decretados por um superego restritivo ligado a um processo de repetição, a fim de impedir a imaginação de livremente desdobrar-se, superar a dor passivamente suportada, reconciliar-se com a morte do outro e de si mesma. Sem chegar a sustentar que os sonhos traumáticos conformam-se todos a esse esquema, parece indispensável determinar a parte atribuída ao superego na gênese de toda tendência à repetição. Eis porque sonhar, por vezes, pode ser a negação de sonhar, do mesmo modo que certos sonhos, que emanam do superego, constituem um engenhoso compromisso entre sonhar e não sonhar.

Esquecimento dos sonhos, lembranças dos sonhos de desprazer, emergência dos sonhos de prazer, o leque está agora amplamente aberto. B. alcança um limite extremo com a possibilidade novamente adquirida de, apesar da interdição materna, reencontrar o pai nos seus sonhos e na situação analítica. Ora, fato notável, o acesso à vida onírica, se permite sair da depressão, parece igualmente ter a virtude de reequilibrar o sistema glandular, pois que a partir desse momento o nódulo tireoidiano regressa espontaneamente. Conseqüência inesperada de uma evolução global em que "psíquico" e "somático" são inseparáveis, e que é regida por uma correlação negativa entre projeção e somatização.

O que, doravante, predomina, apesar da irregularidade do funcionamento onírico, é o corpo imaginário. Se, por um lado, a abertura onírica vem acabar em B. com um mal-estar fundamental que abala o corpo real, por outro lado, ela torna igualmente possível a reconstituição da imagem do corpo, subjacente à anorexia histérica. Essa, como vimos, é uma recusa violenta, por repugnância, da mãe nutriz. Mas não é somente a oralidade que está em causa. Como testemunham pertinentemente outros sonhos, a violência pulsional está igualmente conivente com as funções eliminatórias: B. impõe-se uma abstinência oral para não ser levada a "cagar" mãe. Boca e ânus são assim cúmplices, enquanto se elabora no corpo imaginário um conflito concernente à mãe, no qual o empenho está em destruir e ao mesmo tempo conservar a mãe.

Ora, se a histeria "comporta-se, nas suas paralisias e outras manifestações, como se a anatomia não existisse ou dela não tivesse nenhum conhecimento"[26], é porque, de imediato, ela envolve o corpo imaginário, o qual não é a realidade em si, mas sua transposição fantástica, transposição essa que toma apoio, por um lado, no corpo real, e por outro lado numa representação visual imediata fundada na língua falada, língua em que os órgãos são tomados "no sentido vulgar, popular do nome que se lhes dá: a perna é perna até à inserção dos quadris, o braço é a extremidade superior tal como desenha-se sob a roupa"[27].

No entanto, a representação só se torna operante, provida de uma eficácia capaz de sustentar o funcionamento psíquico, se ela cessar de ser representação, presença retroativa de um acontecimento externo, imitação de um real que ela não contém, para recuperar uma autonomia que lhe é própria, uma dinâmica que se enraiza no ser primeiro do homem. Trazida de volta a suas origens subjetivas, a representação revela-se como uma projeção que mediatiza a relação profunda do sujeito com o objeto, do sujeito com seu corpo. Por isso, aquilo que se denomina comumente imagem do corpo é mais do que uma imagem que permanece distinta do corpo; ela é o próprio ser do sujeito encarnado, enquanto ser imaginário. Pois, a todo momento, o corpo tem este poder de metamorfose, na qual se atualiza enquanto outro, sustentado por um espaço e um tempo que são igualmente outros. Há sincronização entre a constituição do corpo imaginário por meio da projeção e a tomada de consciência pela projeção do corpo imaginário. A unidade do sujeito e do objeto decorre de um único e mesmo funcionamento, o qual, além disso, estrutura as imagens do corpo de acordo com *uma anatomia do imaginário*. Essa não é a imagem obliterada,

---

26 S. Freud. "Quelques considérations pour une étude comparative des paralysies motrices organiques et hystériques". *Gesammelte Werke*, I, p.501, Fisher, Frankfurt, 1972. Texto em francês.

27 *Ibid.*, p.51.

diminuída, estranhamente recortada da anatomia do corpo real, mas o arranjo das partes do corpo identificado com o espaço, junto com o início da circulação de uma energia pulsional, de modo que se estabeleça entre o corpo e o mundo, entre o dentro e o fora, uma causalidade mágica. Agindo sobre o corpo é que se age sobre o mundo, e tudo o que ocorre lá fora é um acontecimento corporal. Apaga-se a distância, na unidade reencontrada do gesto e do objeto que este cria, para além da distinção das palavras e das coisas.

Um só exemplo. Uma jovem analisante está afetada, há anos, no ouvido direito, de um zumbido ininterrupto, ocorrido subitamente, quando, tomada de vertigens, desmaiou no hospital ao ver a avó, aparelhada com prótese, quase moribunda. A reação histérica de desmaio, o qual, ao suprimir a percepção, suprime o percebido, não deixa de marcar o começo de uma disfunção orgânica evocadora de uma provável síndrome da doença de Ménière.

Uma transferência fortemente erotizada sustenta, desde o início, uma atividade do sonho, em que o próprio sintoma orgânico, metamorfoseado, é portador de excitação sexual. Assim é que ela se vê em sonho com câncer no ouvido doente, e tem de ser operada. Intervém então uma curiosa manipulação. Para expulsar do ouvido o tumor canceroso, uma bola, o médico, isto é, o analista, comprime-lhe demoradamente as nádegas, provocando um misto de sensações de dor e de calor, sinais que, posteriormente, podem ser reconhecidos como sendo sensações de excitação e prazer sexuais. Nessa anatomia do imaginário, o corpo é apenas um órgão sexual, cheio e ereto, com um dentro e um fora, e uma simples pressão basta para nele desencadear uma ação que o atravessa de baixo para cima. Fazer com que o tumor sobressaia significa a ereção clitoridiana no momento em que se prepara a "cirurgia", o coito. Sob a aparência de um ato cirúrgico, em que a alusão à palavra ouvida na análise é patente, aflui agora, relacionado com a cena traumática da avó prestes a morrer, um desejo voltado para o pai, acompanhado por outro, o de ver morrer a rival materna.

Seja como for, a histeria, tanto quanto o sonho, constitui o corpo imaginário por meio de uma projeção que coincide com o próprio funcionamento do inconsciente[28], e, por meio de condensações e deslocamentos, opera a evolução do literal para o figurado. Assim, a identidade do corpo, na histeria e no sonho, é função de uma projeção cujo efeito mais notável é a conversão do espaço em corpo e do corpo em espaço, de tal modo que o corpo existe num espaço que é um corpo, e o espaço num corpo que é o espaço. A coisa faz parte de si mesma, sendo ao mesmo tempo continente e conteúdo, fora e dentro, todo e parte, a um só tempo. É o que designa a relação de inclusões recíprocas por que se define o imaginário no seu conjunto[29], e que *estrutura o corpo histérico como um espaço do sonho.*

Nada o mostra melhor do que a descoberta, pela primeira vez, por Anna O., do corpo imaginário às voltas com uma situação que só se torna traumática porque determina uma realidade corporal pela qual, por sua vez, ela é determinada.

À cabeceira do pai, gravemente doente, Anna, escreve Breuer, "estava com o braço direito apoiado no encosto de sua cadeira, quando caiu em estado de devaneio e avistou, como saindo da parede, uma serpente preta que avançava em direção ao doente para mordê-lo (...). Quis enxotar o bicho, mas ficou como paralisada, com o braço direito 'adormecido', insensível, tendo-se tornado parésico, dependurado no encosto da cadeira. Olhando o braço, viu seus dedos transformarem-se em cobrinhas cujas cabeças eram caveiras (as unhas)"[30].

A imagem alucinatória da serpente em movimento é a projeção simétrica do braço imobilizado; como na ocasião da alucinação onírica, a visão suplanta a atividade motora provisoriamente suspensa pelas condições do sono. Cumpre-se, aqui, na ausência da mãe, o desejo de tocar sexualmente o pai. Por isso, a serpente é um braço que toca, ao mesmo tempo que o órgão tocado. Um braço que, logo, torna-se os dedos da mão como se cada dedo

---

28 Ver Sami-Ali. *Corps réel — corps imaginaire*, pp.2-3.
29 Ver Sami-Ali. *L'espace imaginaire*. Gallimard, Paris, 1974.
30 S. Freud e J. Breuer. *Études sur l'hystérie*, p.28.

estivesse provido de uma mão com dedos que são braços... Regressão sem fim em que o desejo tanto quanto o interdito (a caveira) multiplicam-se graças ao corpo que se faz múltiplo[31]. A identificação do todo (braço-serpente) com a parte (dedo-serpente) efetua-se segundo uma relação de inclusões recíprocas, a mesma, aliás, que organiza o espaço do sonho na histeria como uma "geografia sexual"[32].

Ora, o corpo, na histeria, deriva inteiramente da sexualidade infantil em que se acham sobrepostas "zonas erógenas" e "zonas histerógenas". Sobreposição justificada pelo fato de que, em ambos os casos, o corpo libidinal é uma imagem do corpo que se constitui a partir do corpo real. Aqui está em jogo o processo mesmo do apoio, o qual consiste em reproduzir, por meio do corpo real e relativamente a um objeto real, uma experiência anterior de satisfação. Essa reprodução não é simples atualização de uma lembrança, mas verdadeira alucinação corporal do objeto na ausência deste. É uma projeção que torna presente o objeto ausente, e ausente o corpo presente. Um só e mesmo processo projetivo transforma simultaneamente o outro em objeto imaginário e si mesmo em corpo imaginário, reverso e anverso do tecido do ser[33].

---

31 Um acontecimento confirma a estrutura narcísica da alucinação das serpentes: "Entrando num cômodo, Anna percebe no espelho, colocado frente à porta, um rosto lívido, não o seu, mas o de seu pai, com uma caveira". *Ibid.*, p.27. Anna é, portanto, o pai, como ela é o espaço e os objetos no espaço. A experiência do espelho desenvolve-se aqui da mesma maneira que num sonho. Sobre o sonho do espelho, ver Sami-Ali. *Corps réel — corps imaginaire*, p.153 *sq.*

32 S. Freud. "Fragment d'une analyse d'hystérie (Dora)", *in Cinq psychanalyses*, p.74.

33 Pois que a projeção opera na dupla constituição do objeto e do corpo imaginários, embora tome apoio numa função fisiológica diferente para cada zona erógena, ela não deixa de dar continuidade ao imaginário original, imaginário que, desde o nascimento — até, talvez, anteriormente a este —, traduz a prevalência dos períodos de sono paradoxal. A alucinação do seio presente-ausente não é, portanto, um começo absoluto, mas o que ocorre com a atividade do sonho em estado de vigília. Por isso, imediatamente antes de reclamar o seio, o lactente mima o ato de mamar, graças a uma consciência alterada, idêntica ao sonho, e, como o sonho, acompanhada, ao nível do córtex, da emissão de ondas alfa. Levando em conta esse conjunto de condições, compreende-se que a oposição entre corpo real e corpo imaginário não é o de duas entidades, mas a de um funcionamento duplo, definido pela projeção. Se se colocar nesta perspectiva, a oralidade não aparece como primeira, tampouco, aliás, o apego. O que, em contrapartida, deve encontrar-se em uma ou outra dessas interpretações é a dialética ininterrupta entre a função do imaginário

A histeria supõe que o apoio se dê e a somatização se inscreva num corpo erógeno, o que já deixa entrever outra possibilidade, a de uma somatização aquém do apoio, somatização na qual a dupla constituição do corpo imaginário e do objeto primário apresenta dificuldades. Deve, então, realmente, repetir-se o momento inicial em que o objeto transforma-se em objeto presente-ausente. É o caso por exemplo da bulimia, em que o corpo torna-se um vazio que nada poderia preencher e cujo preenchimento por uma comida que substitui o amor materno não se acompanha nem de apetite, nem de prazer. Nos limites mesmos da sexualidade infantil, a somatização não poderia então reduzir-se unicamente à conversão histérica.

Por diferentes que sejam as zonas erógenas elas devem ser consideradas a metamorfose do mesmo dado primitivo, a pele, "zona erógena por excelência", porém zona ambígua, aos confins do dentro e do fora, não sujeita à diferenciação, mais próxima do neutro de uma somatização, que, globalmente, diz respeito à superfície corporal, não a um órgão particular. A localização, doravante, nada tem de específico, concerne à problemática dentro-fora e só retém dos órgãos o fato de serem eles formas diferenciadas da pele. A alergia cutânea, que, aliás, pode alternar com a alergia respiratória, ilustra pertinentemente esse fato: o que está em jogo aqui não é a significação simbólica do órgão alvo, mas uma deficiência característica do sistema imunitário. Não se está longe do anonimato do corpo profundo, dos distúrbios metabólicos e celulares em que se refletem as aberrações do próprio processo vital: somatização não específica, somatização sem órgão, somatização do *neutro*.

4. São, portanto, vários os níveis de somatização: vão do figurado ao literal, do literal ao neutro, revelando o corpo na sua dupla

---

e o que a limita, por que se determina uma realidade criadora ambígua, acabada, inacabável. Cf. D. Anzieu, *Le Moi-peau*, Dunod, Paris, 1985. Edição em língua portuguesa *O Eu-pele*, Casa do Psicólogo, São Paulo, 1988.

ligação com o narcisismo e com o aquém do narcisismo[34]. Por não ter levado em conta esse aspecto, embora fazendo da histeria o único modelo possível da somatização — enquanto ele é tão problemático quanto o resto —, modelo esse que amalgama sentido primário e sentido secundário, chega-se, onde ela não existe, a substituir a histeria por um discurso sobre a histeria, o qual só se pode autoconfirmar, posto que, por toda a parte, ele opera em vão, criando por completo um objeto à sua imagem, em vez de reconhecer o objeto em sua alteridade[35].

Tal reconhecimento não joga o objeto fora do campo da psicossomática, antes permite integrá-lo nesse campo, estabelecendo uma correlação negativa entre projeção e sintoma orgânico. Essa correlação deixa-se observar até na histeria de conversão, quando, por exemplo, o desaparecimento — sob a ação do tratamento "catártico" — de uma alucinação olfativa provoca, numa paciente de Freud, Miss Lucy, uma "afeção nasal que resulta na descoberta de uma cárie do etmóide"[36]. Não haveria muito motivo para atribuir esse fenômeno a uma "complacência somática", mas, em contrapartida, ele tende a mostrar que a projeção, longe de ser um mecanismo puramente psicológico, acompanha-se de um reforço das defesas imunitárias, as quais, inversamente, enfraquecem-se quando se atenuam as manifestações projetivas.

A histeria faz assim parte de um processo psicossomático, por que se define a "doença", tanto quanto a "saúde", e no decorrer do qual o "psíquico" sucede ao "psíquico", o "somático" ao "psíquico", o "psíquico" ao somático. Através de uma sucessão como essa, delineia-se, especialmente, uma relação de *equivalência ne-*

---

34 Sami-Ali. *Le visuel et le tactile. Essai sur la psychose et l'allergie*, p.139, nota 3.
Sami-Ali. *Corps réel — corps imaginaire*, p.157.

35 O biológico é absorvido pelo verbal. O câncer, desse ponto de vista, dissolve-se num trocadilho no qual *grosseur* (grossura) significa *grossesse* (gravidez), *sein* (seio), *saint* (santo), *foie* (fígado), *foi* (fé), *tumeur* (tumor), *tu meurs* (tu morres), e a doença de Hodgkin, a autopunição de um desejo incestuoso. Será o francês a língua do Ser? Ver *Etudes psychothérapeutiques*, nº 1, março de 1983, "Psychosomatique et cancer"; J.Guir. *Psychosomatique et cancer*. Point hors ligne, Paris, 1983.

36 S. Freud e J. Breuer. *Ibid.*, p.93, ver *infra*, p.68

gativa entre o "psíquico" e o "somático", como se um e outro ocupassem, dentro do mesmo conjunto sintomático, duas posições simétricas, opostas e complementares. Sem dúvida, uma doença orgânica nunca pode ser assimilada à neurose ou à psicose, mas pode ser o equivalente delas. Munida de um coeficiente sintomático comparável, ela aparece *no lugar* de uma formação neurótica ou psicótica.

Segunda parte

A origem traumática da histeria de conversão é o elo que reúne os cinco casos dos *Estudos sobre a histeria*[37]. Por mais simples que se revele o esquema teórico, a realidade clínica parece infensa à simplificação. Pois, por toda a parte o plano "conversional" coexiste com um plano "psicótico" e um plano "orgânico". Este significa que o corpo real está atingido e não o fato que, na conversão histérica, "uma alteração orgânica serve de base à neurose"[38]. Cabe, portanto, detectar, com vistas a ampliar a problemática da histeria, aquilo que, em cada caso, pode ser atribuído a uma somatização orgânica verdadeira, irredutível à histeria, mas que se manifesta ao mesmo tempo que a histeria e tem, provavelmente, ligações com o plano "psicótico". Diante da impossibilidade de isolar o plano "conversional", fazendo abstração do resto, tem forçosamente de se perguntar como, em cada caso, articulam-se os três planos. Verificar a existência da articulação não basta. É preciso, acima de tudo, explicá-la teoricamente.

A análise será aplicada a dois casos, os mais pertinentes para tal problemática, Anna O. e Miss Lucy R..

---

37 S. Freud e J. Breuer. *Ibid.*
38 *Ibid.*, p.108.

1. Anna O.

A somatização não histérica em Anna O. pertence exclusivamente à visão, campo de uma riqueza excepcional que vai da alucinação ao distúrbio da visão binocular e se revela por meio de uma temática do espaço que confere ao conjunto sua verdadeira unidade.

Comecemos por recensear os fenômenos relativos à percepção e estruturação do espaço da percepção. O que chama a atenção, em Anna O., é a presença, de par em par do campo perceptivo, de uma problemática subjacente do espaço, correlativa à do corpo e que resulta em fenômenos que, por acompanharem a conversão histérica, não se reduzem absolutamente a ela.

Um primeiro grupo de fenômenos diz respeito à macropsia, por que os objetos imediatamente reconhecíveis adquirem um caráter estranho devido a seu volume subitamente excessivo. Breuer esforça-se por identificá-la como uma cena traumática: "A paciente, os olhos cheios de lágrimas, diz ela, está sentada junto da cama do pai, que lhe pergunta de repente que horas são. Ela, que enxerga mal, faz esforços, aproxima o relógio dos olhos, e então os números do mostrador pareciam-lhe enormes..."[39]. Essa circunstância particular não poderia, todavia, explicar um fenômeno que concerne eminentemente à percepção do espaço e, portanto, deve ser relacionado com outros fenômenos da mesma ordem, a saber "o estrabismo divergente com diplopia, o desvio dos olhos para a direita, que faz com que a mão se dirija demasiadamente à direita do objeto que ela queria apreender, o estreitamento do campo visual, a ambliopia central..."[40]. São, todos esses, sinais de uma perturbação global da experiência do espaço e cada sintoma tomado isoladamente corre o risco de ocultar o que está realmente em causa... árvore a esconder a floresta.

---

39 *Ibid.*, p.29.
40 *Ibid.*, p.26.

Os distúrbios visuais, em Anna O., são, então, inseparáveis da maneira com que o espaço está nela estruturado. Não são fenômenos que se projetam no mesmo espaço imutável, mas fenômenos que aparecem graças a uma estruturação diferente do espaço. Pois, a projeção, ao fazer tábula rasa do espaço real, cria no lugar deste um espaço imaginário que permite que objetos existam segundo a única relação de inclusões recíprocas. A distinção usual entre objetos e espaço esfuma-se em proveito de um espaço homólogo dos objetos, objetos que são eles próprios modalidades do espaço. Num fundo alterado destacam-se objetos carecidos de permanência, elásticos, deformáveis ao sabor de um espaço entregue à desmesura. Assim, na macropsia, por sofrerem de gigantismo, os objetos estendem-se em demasia no campo visual. Não se trata, porém, aqui, de um juízo, de uma comparação que implique numa atitude intelectual, mas de uma profunda modificação do próprio aparelho de percepção, aparelho no qual a função perceptiva, insensivelmente, cede o lugar à projeção. Essa projeção é que magnifica as aparências, fazendo que os objetos sejam realmente mais volumosos do que no estado normal da percepção.

Mas a macropsia pode alternar, dentro da mesma consciência fascinada, com seu contrário, a micropsia. Pois a instabilidade das dimensões dos objetos reflete a do aparelho perceptivo, que amplia ou reduz a imagem óptica que o atravessa. Enormes ou minúsculos, os objetos são um espaço que se dilata ou se comprime, indo de um extremo ao outro, sem conseguirem estabilizar-se. Nela falta uma distância otimal, na medida em que para uma consciência singularmente próxima da consciência do sonho o percebido e o ato de perceber são indiscerníveis. Por isso é que sair desse mundo incomensurável significa acabar com a projeção, deixar o "estado de hipnóide", romper o feitiço. Enquanto este perdura, a alternância macropsia/micropsia explica-se pelas anomalias do quadro de referência originalmente providenciado pelo corpo, pois que mundo e corpo são as duas superfícies em que se projeta e mede uma única e mesma realidade. Impossível, conseqüentemente, operar uma dissociação entre a visão e as modificações que ocorrem implicitamente na percepção do corpo próprio.

Pois, as coisas não mudam de dimensão, aparecendo de repente como demasiadamente próximas ou longínquas, senão porque o corpo levado pela regressão mudou ele próprio de volume: pequeno, as coisas estão grandes, grande, elas estão pequenas.

Assim, se macropsia e micropsia pertencem à mesma estrutura imaginária, esta pode ser detectada na reprodução, em diversas escalas, de uma única imagem fundamental, a do pai com uma caveira que surge no espelho de Anna no lugar da própria imagem. Nela se reconhece a relação especular com o pai, ao mesmo tempo que a onipresença do sujeito em suas projeções: Anna O. *é* seu pai, como ela é o braço que se tornou serpente, transformando-se os dedos de sua mão em cobrinhas com caveira. Nesse conjunto de imagens que se encaixam, o sujeito é aquilo que vê e ele se vê como tendente para o infinitamente grande (caveira no espelho) e o infinitamente pequeno (caveiras que são as unhas).

O estreitamento do campo visual, em Anna O., associado à ambliopia central, constitui uma variante do mesmo distúrbio que afeta a um só tempo o corpo e o espaço. Tudo se passa, efetivamente, como se, mais uma vez, a distância em relação ao visível fosse instável e as coisas, para serem vistas, devessem aproximar-se do órgão da visão. Situam-se num espaço que varia ao mesmo tempo que o corpo. A projeção é correlata a esse espaço, implica esse espaço onde o infinitamente grande iguala-se com o infinitamente pequeno.

Foi sobretudo depois da morte do pai que, em Anna O., o fenômeno em questão tornou-se patente. "O campo visual, observa Breuer, achava-se extremamente reduzido. Ao contemplar um ramalhete de flores que lhe havia proporcionado imenso prazer, só conseguia enxergar uma flor de uma só vez"[41]. Não sendo simultânea a visão, as coisas apresentam-se por fragmentos, sem nexo umas com as outras. Ora, o fato de cada coisa apresentar-se, assim, destacada, já contribui para que seja percebida com dimensões mais importantes. Isso pode ser verificado experimentalmente:

---

41 *Ibid.*, p.18.

uma linha isolada numa página impressa toma imediatamente alguma expansão, da mesma forma que, ao extraí-la do todo a que pertence, amplia-se a parte. Um detalhe não tem o mesmo valor quando percebido em si ou quando relacionado com o resto do campo visual. A visão, em Anna O., é uma visão em que o detalhe substitui o todo, como se, por identificação do grande com o pequeno, o detalhe constituísse o todo. A simultaneidade retrai-se diante da sucessão: o aparelho de percepção desliga em vez de ligar, divide sem somar, cerca cada elemento de um vazio que o transforma num elemento em si, um absoluto. A identidade do grande e do pequeno depende então de um modo de funcionamento particular desse aparelho, inteiramente dominado pela projeção, a qual se confunde com o processo perceptivo. Perceber já é projetar, quando o espaço torna-se o reflexo de uma atividade alucinatória, que, silenciosamente, irrompe num mundo transfigurado.

Uma terceira variante dos distúrbios da visão, em Anna O., nos é fornecida pelo estrabismo convergente. Nesse caso, os olhos trabalham como se, por causa da redução do campo visual, o objeto estivesse perto demais. Nesse sentido, a visão binocular, pela anomalia particular que apresenta, situa-se no mesmo espaço que a macropsia e a micropsia, mas expressa-lhe de outra maneira a estranheza. Aliás, deve-se esperar uma complexidade maior. O estrabismo, de fato, acompanha-se do desdobramento da imagem visual, do "desvio dos olhos para a direita"[42], o que obriga a uma nova organização espacial marcada pelo canhotismo. É verdade que uma regressão global permite a Ana reencontrar a antiga prevalência da mão esquerda, assim como a estrutura do espaço onde se inscreve e que funda a relação dentro-fora. A escrita testemunha: Anna O. "começou a escrever, mas de um modo esquisito, servindo-se da articulação da mão esquerda e traçando letras de imprensa"[43]. O estrabismo, tanto quanto o canhotismo, são os sinais de que outro espaço temporal já está atuando.

---

42 Ibid., p.26.
43 Ibid., pp.18-19.

O estrabismo, porém, não é da ordem da conversão histérica. Sua problemática não pode ser reduzida à histeria; tampouco pode ser identificada com um distúrbio oculomotor periférico ("Um oculista, nota Breuer, atribuiu (erradamente) o sintoma a uma paresia do nervo *abducens*"[44]). Não deixa, porém, de ser verdade que, em Anna O., os distúrbios da convergência visual fazem parte de uma neurose "mista" em que os fenômenos orgânicos coexistem, por um lado, com as alucinações, e por outro com as contraturas, a paralisia, as ausências e as anestesias histéricas. Levando em conta a evolução ulterior da relação entre Breuer e Anna O., o estado amoroso no qual foi absorvida a sintomatologia histérica constitui o equivalente da síndrome conversional.

Excetuados os raros casos de paralisia ocular, o estrabismo remete, para sua compreensão, à gênese da visão binocular. Por isso é que se distinguem o estrabismo divergente e o convergente. Diferentes psicologicamente, são, no entanto, duas síndromes que resultam de uma má localização das imagens retinianas. Estando essas fora do eixo, elas se sobrepõem em vez de coincidirem; daí a impossibilidade de sua fusão no plano do córtex cerebral. O estrabismo divergente corresponde assim a um modo de funcionamento que caracteriza o aparelho oculomotor antes do estabelecimento da convergência visual. Esse funcionamento persiste no estrabismo "congênito" ou volta posteriormente, por meio da regressão, no estrabismo "funcional": os olhos conservam, então, sua posição em estado de repouso, liberados que são da intenção de apreender os objetos num espaço tridimensional. E é o mesmo relaxamento ocular que o sono cria. No plano inconsciente, trata-se de um retorno a um funcionamento visual inteiramente passivo, que se alia à negação de uma atividade ocular percebida como perigosa. Tal negação não se limita à visão, mas estende-se a todas as formas de atividade. Existem, portanto, traços de personalidade distintivos que se encontram, especialmente, na criança e que, ao compensá-los, a formação caracterial corrige no adulto. Essa formação usa "truques", isto é, balizas artificialmente colocadas para

---

44 *Ibid.*, p.16.

estabilizar o espaço e o tempo, e é motivada pela mesma angústia precoce de perder o objeto materno ou de nele se perder[45].

Totalmente diferente é a dinâmica subjacente ao estrabismo convergente. O que, então, está em causa não é a neutralização do ato de visar, por uma regressão, à passividade original, mas a distância que o sujeito coloca em relação ao objeto. Sempre demasiadamente perto, este é projetado, localizado, aguardado, num espaço acanhado, sem abertura, de tal forma que, doravante, a atividade parece disponível, porém parcialmente, e a angústia por ela suscitada, superada em parte. É um compromisso entre passividade e atividade que pereniza o esboço de uma convergência que pára no meio do caminho.

Para entender os problemas de convergência visual, é preciso, portanto, acompanhar o lento estabelecimento da visão binocular como mecanismo neurofisiológico central tanto quanto periférico, por meio do qual se projeta uma motricidade constitutiva do objeto e da distância do objeto. É notável, aliás, que a não-coincidência das duas imagens visuais leva Anna O. a suprimir uma delas, de sorte que a visão acaba ficando monocular. Daí inabilidades na coordenação da imagem e do gesto, erros de localização devidos "ao desvio dos olhos para a direita"[46]. Distúrbios matizados da motricidade, que contrastam com a motricidade maciçamente atingida nas paralisias histéricas.

Inseparável de seu fundamento orgânico, a visão binocular não se pode reduzir ao conceito freudiano de pulsão parcial, a pulsão escópica, a qual deve, mais cedo ou mais tarde, integrar-se à genitalidade. Pois esse conceito supõe que a visão existe, sem perguntar em que condições e sem descobrir as etapas que são as de uma longa maturação. É verdade que o estrábico continua vendo... Tem visão dupla. O que, no estrábico, apresenta dificuldades não é a visão em si, mas as particularidades do ato de ver, imediatamente livre de qualquer referência à sexualidade infantil. Esta, em con-

---

45 Ver Sami-Ali. *L'espace imaginaire*, p.39.
46 S. Freud e J. Breuer. *Ibid.*, p.26.

Da histeria: uma teoria psicossomática 67

trapartida, nesse caso como em outros, deve apoiar-se num funcionamento neutro do corpo real. Com o estrabismo, está-se nas preliminares da visão como pulsão sexual, no momento em que a pulsão passa pela mediação do apoio, o que basta para distinguir os distúrbios da visão binocular da histeria. O que diferencia uma da outra, com efeito, é que, por um lado, tem-se uma somatização que atinge *uma função constituída* no corpo real, e, por outro, uma somatização na qual se engaja *uma função em vias de constituição* no corpo imaginário[47]. Por isso, a histeria, quando atinge a esfera visual, produz uma sintomatologia maciça, a cegueira, por que uma função toda escapa ao controle consciente: não ver, para não ver o que é proibido ver[48]. Nenhuma necessidade, portanto, de recorrer a mecanismos parciais, uma vez que o recalque, mecanismo global, resolve perfeitamente o problema. Sem ter conhecimento da anatomia, embora trabalhando com a anatomia do imaginário, a histeria não simula nem o estrabismo, nem a hemianopsia, nem o glaucoma. No entanto, qualquer somatização, histérica ou não histérica, deve ser entendida na sua relação com a outra.

No que toca à convergência visual, é mister voltar à relação precoce mãe-filho, a fim de inserir a gênese de uma função na problemática fundamental do rosto, rosto que não se tem no ponto de partida, mas se vai adquirindo depois enquanto rosto da mãe, o qual é também o rosto de si mesmo. Primeiro rosto compartilhado, sem sentimento de partilha, e com a certeza — aquém do reconhecimento do rosto do estranho — de ser o outro porque o outro é inteiramente si mesmo. A visão binocular nasce nesta circularidade de trocas, em que os olhos são a um só tempo seus e os do outro, em que olhar é, ao mesmo tempo, ser olhado, em que a

---

47 Estando os distúrbios da convergência visual na articulação do corpo real e do corpo imaginário, compreende-se que uma reeducação ortóptica que regula um estrabismo possa desregular o processo psicossomático. Por isso, não é raro que somatizações mais ou menos graves revezem-se com a disfunção ocular. Tão significativo quanto isso é a taxa de mortalidade particularmente elevada entre as crianças operadas de estrabismo.

48 Na patologia da adaptação, como podemos lembrar, há igualmente recalque de uma função (o imaginário) para recalcar um conteúdo. A diferença nem por isso deixa de ser total: a função do imaginário não está em causa na histeria e o recalque histérico está fadado ao fracasso, fracasso constitutivo da formação sintomática na histeria.

2. Miss Lucy R.

Aqui, o plano orgânico entra em novas combinações com o plano histérico e o plano psicótico.

Miss Lucy sofre de uma rinite crônica purulenta, infecciosa, mas provavelmente também alérgica, que provoca uma perda total do olfato e, há pouco tempo, acompanha-se de uma alucinação olfativa repetida. Equivalente de um acesso histérico, essa alucinação, segundo Freud, representa "o símbolo mnemônico de um traumatismo"[49]. Deve-se acrescentar a isso, por um lado, a presença de uma analgesia particularmente acentuada, com conservação das sensações tácteis, no interior do nariz, e, por outro, o aparecimento, no decorrer do tratamento catártico, de uma cárie do etmóide.

É verdade que, apesar de tal proliferação sintomática, Miss Lucy só consulta Freud porque sofre de uma histeria de conversão, de que ela "fica curada" graças ao tratamento catártico, o qual permite descobrir, por trás da recorrência olfativa, alucinada, um traumatismo recente e, depois, outro mais antigo. Aos poucos, a alusão ao acontecimento traumático cede lugar ao acontecimento traumático, reconstituído por meio de uma temporalidade em que coincidem presente e passado. Tal reconstituição mostra que o acontecimento foi "intencionalmente recalcado fora do consciente"[50], ao mesmo tempo que "fielmente conservado na memória"[51]; embora tendo a virtude de modificar a sintomatologia histérica, ela não explica, de maneira nenhuma, por que essa acompanha-se de fenômenos orgânicos reais, entre os quais, no momento oportuno, a cárie do etmóide.

---

49 *Ibid.*, p.84.
50 *Ibid.*, p.83.
51 *Ibid.*, p.87.

Efetivamente, em Miss Lucy, a anosmia e a alucinação oftativa desdobram-se num fundo depressivo em que se misturam "melancolia e cansaço"[52]. É esse fundo que liga os diferentes planos da sintomatologia, a qual nasce de uma depressão é sustentada por uma depressão e evolui paralelamente a uma depressão. Para além de qualquer trabalho terapêutico, o fim do estado mórbido parece assim depender do fim da depressão.

Mas cumpre voltar à sintomatologia inicial. A presença dos fenômenos alucinatórios, em Miss Lucy, em vez de ficar confinada no domínio "psíquico", modifica todo o estado orgânico. Quando encontra sua paciente, pela primeira vez, Freud não deixa de notar que o "catarro nasal purulento achava-se justamente num período de melhora"[53], a qual, a meu ver, pode ser atribuída à formação das alucinações que marcam a passagem do corpo real ao corpo imaginário, segundo uma correlação negativa entre projeção e somatização. Aquilo que, no início, apresenta-se como uma situação de fato corresponde assim a um momento de equilíbrio instável que se integra num processo psicossomático, dotado de uma temporalidade e ritmo particulares. Por isso, deve-se esperar que, por sua vez, o trabalho psicoterapêutico influa na sintomatologia orgânica, isso nos limites impostos pelo vaivém do processo psicossomático.

Esse trabalho é a busca daquilo que a um tempo só se esquiva e mostra no cheiro alucinado de uma sobremesa queimada. Efetivamente, Miss Lucy estava brincando de cozinhar com as duas garotinhas de quem era a governanta, quando chegou a suas mãos, na ocasião de seu aniversário, uma carta de sua mãe. Quis abri-la, mas as crianças não deixaram. "Enquanto as crianças divertem-se em minha volta, diz, eis que um intenso cheiro de queimado espalha-se de repente. As crianças haviam esquecido a sobremesa sobre o fogão e ela estava queimando"[54].

---

52 *Ibid.*, p.83.
53 *Ibid.*, p.83.
54 *Ibid.*, p.89.

Miss Lucy ficou tocada pela afeição das crianças no momento em que pensava pedir demissão, porque diante de tantas intrigas "a casa tornou-se intolerável"[55]. No entanto, o verdadeiro conflito não está aí: "Eu, diz Miss Lucy, havia prometido, enquanto agonizava na sua cama, à mãe das crianças, que era parenta longínqua de minha mãe, não abandoná-las e fazer para elas as vezes de mãe. Demitindo-me, eu traía minha promessa"[56]. Miss Lucy se considera, cada vez mais, a substituta da mãe junto das crianças, mas também junto do pai das crianças pelo qual está apaixonada. Situação edipiana, portanto, que se encontra recalcada e volta à consciência por meio de uma formação sintomática em que a alucinação substitui a lembrança.

Com a rememoração da cena traumática, o estado de Miss Lucy melhora, mas a alucinação não deixa de persistir. Por isso, traumatismos secundários são evocados e "ao fazer isto a sensação olfativa de chamuscado atenua-se cada vez mais"[57]. Ora, embora a sintomatologia conversional desapareça gradualmente, todo o funcionamento psicossomático acha-se com isso totalmente transtornado. A patologia orgânica predomina agora, levando a uma interrupção do tratamento, "por causa, diz Freud, de uma nova afecção nasal que resulta na descoberta de uma cárie do etmóide"[58]. Assim, o reaparecimento da rinite infecciosa deve ser relacionado com o desaparecimento das alucinações olfativas, assim como, no início, o aparecimento destas havia acarretado o desaparecimento da doença orgânica. Mais uma vez, o orgânico corresponde a uma transformação sintomática regida por uma correlação negativa entre projeção e somatização e marca a prevalência do corpo real sobre o corpo imaginário.

Mais adiante, o estado físico de Miss Lucy melhora, ao mesmo tempo que a alucinação de sobremesa queimada é suplantada pela de cheiro da fumaça de charuto. "Eu havia, diz Freud, substituído

---
55 *Ibid.*, p.90.
56 *Ibid.*, p.90.
57 *Ibid.*, p.93.
58 *Ibid.*, p.93.

Da histeria: uma teoria psicossomática 71

de cheiro da fumaça de charuto. "Eu havia, diz Freud, substituído um sintoma por outro"[59]. Dupla substituição, na realidade: do olfativo alucinatório pelo orgânico, e, depois, do orgânico por outro olfativo alucinatório, de tal forma que toda a sintomatologia está marcada pela oscilação entre o orgânico e o psíquico, mais precisamente entre uma formação projetiva que implica o corpo imaginário e a perda dessa formação a partir de que a sintomatologia introduz-se no corpo real. Oscilação de que doença e cura dependem igualmente.

O fim do tratamento reserva a Freud uma surpresa, a de ver Miss Lucy transfigurada, sem sinais de depressão: um resultado que nada tem a ver com o trabalho de rememoração. Freud, então, está prestes a pensar que a governanta das meninas poderia ter-se tornado a noiva do próprio patrão. Ela desmente: simplesmente, ao acordar, ela reencontrou seu humor de antigamente, antes de adoecer na época da infecção nasal, humor que confina com a hipomania. "O senhor não me conhece, diz, sempre me viu doente, ao passo que, geralmente, estou sempre alegre"[60].

Doença infecciosa, alucinações olfativas, fenômenos conversionais são aspectos diversos de uma única patologia depressiva pertencente a um processo psicossomático e cadenciada pela mesma correlação negativa entre projeção e somatização. Para além da variabilidade sintomática, a histeria de Miss Lucy é um episódio situado entre os dois parênteses que a depressão abre e fecha.

---

59 *Ibid.*, p.93.
60 *Ibid.*, p.95.

III Da Psicose
Uma teoria psicossomática

Uma interpretação psicossomática da psicose esforça-se por estabelecer laços, instaurar correlações entre conjuntos clínicos que se costuma isolar uns dos outros conforme pertencem ao "psíquico" ou ao "somático". Não se trata, porém, de somar fatores, agrupar variáveis, mas de reativar toda a problemática da psicose a fim de demonstrar como nela se articulam o "psíquico" e o "somático", graças a uma visão que, de pronto, apreenda a psicose enquanto processo psicossomático e que, para definir-se, remete à maneira com que Freud considera a patologia.

Essa, como se sabe, é uma psicopatologia sempre fundada no mesmo processo do recalque, do fracasso do recalque e do retorno do recalcado — retorno que designa o momento em que nascem e se formam os diversos sintomas neuróticos ou psicóticos, desvendando o que se oculta e ocultando o que se desvenda. Seres ambíguos, mistos de ser e não-ser, ponto de equilíbrio instável entre aquilo que é e aquilo que deve ser, os sintomas marcam a um só tempo a fraqueza provisória e a força última do trabalho psíquico: a fraqueza, porque o recalcado fissura o processo do recalque; a força, porque o recalcado é novamente integrado no mesmo processo, que nem por isso deixa de prosseguir, sem solução de continuidade — ferida e cicatrização. Testemunha isso o fato de o sintoma permanecer enigmático com relação ao consciente, como se o retorno do recalcado não consistisse, pura e simplesmente, em voltar ao *statu quo ante*, não significasse que o trabalho psíquico se desfaz para deixar emergir o pulsional em estado puro, mas que, pelo contrário, uma elaboração simbólica intensiva torna possível o vaivém entre consciente e inconsciente, dupla transposição das fronteiras psíquicas.

Diante dessa patologia, em que a atividade psíquica é onipresente, levando a melhor mesmo lá onde, inicialmente, parece mais combatida, alcançando um limite que ao mesmo tempo ela transcende, Freud concebe uma outra patologia, em que, na ocasião da formação sintomática, o fracasso do recalque não cumpre papel algum, não que o recalque obtenha êxito, mas porque, na realidade, desde a origem, não houve recalque. Trata-se de uma patologia "em negativo" por ausência de realizações psíquicas, em que o pulsional, muito próximo ainda da sexualidade, no sentido usual do termo que a restringe ao genital, assume a forma direta de um desequilíbrio quantitativo reconhecível. Esse é o caso das neuroses atuais, em que o somático aparece muito pouco misturado com o psíquico, tomando o lugar do psíquico, delimitando o psíquico sem a ele pertencer: horizonte de uma conceptualização que define seu campo positiva e negativamente. Uma única linha determina o que a análise explora e o que se encontra além, linha traçada pelo recalque de um *conteúdo* participante do imaginário, o qual corresponde ao sonho e a seus equivalentes.

Recalque, ausência de recalque. Se toda a patologia freudiana desdobra-se em torno desses dois eixos, por que se define uma dupla etiologia psíquica e somática, fundada no conceito de pulsão, ela não deixa por isso de entrever um terceiro eixo que permanece inexplorado. É o caso do recalque que se mantém sem sofrer fracasso. "Naturalmente, diz Freud, é o recalque fracassado que reclama nosso interesse, preferencialmente àquele que obteve êxito, o qual, no mais das vezes, escapa ao nosso estudo"[1]. Escapa, porque não produz sintoma, não se acompanha de nenhuma patologia reconhecível, não se impõe por nada que pudesse aproximar sua problemática daquela das psiconeuroses ou neuroses atuais.

---

1 S. Freud. "Le refoulement", in *Métapsychologie*, p.57. Gallimard, Paris, 1968.

Da psicose: uma teoria psicossomática 75

Delineia-se, desta forma, uma outra dimensão que antes diz respeito à formação caracterial do que à formação sintomática.

É nesse sentido que comecei a empenhar-me, há alguns anos[2], quando, paralelamente à psicopatologia freudiana, questionei-me sobre a possibilidade de outra patologia, mais precisamente orgânica, relacionada com um recalque que não demonstre qualquer falha. O recalque bem-sucedido é concebido, neste caso, como um recalque que se exerce não sobre um conteúdo imaginário, mas sobre à própria *função* do imaginário, ou seja, sobre o sonho e o que o substitui na vida vigil. Seu êxito significa, então, que ele se produz mediante uma modificação caracterial duradoura de todo o funcionamento psicossomático. Verifica-se, então, o esquecimento persistente dos sonhos, a rarefação das manifestações oníricas, a redução da vida psíquica, que doravante se confunde com o consciente. A falha da memória é um ato de repressão eminentemente positivo e, de tanto esquecimento, os sonhos acabam não existindo mais senão em si, objetivamente, e não para quem é seu autor. A vigilância é total e a noite é assediada pela mesma consciência implacável. Só existe um pensamento, inteiramente diurno, nunca surpreendido, nunca apanhado em flagrante, a não ser abruptamente pelo sono. Ele é ou não é, sempre idêntico consigo mesmo, ou, então, não deixa espaço para o pensamento noturno. Aí, as faces da vida psíquica tocam-se, porém não há comunicação entre elas; sucedem-se sem fusionar, conforme uma lógica comandada pela alternativa sem nuança, uma dicotomia que prevê apenas sonhos sem lembranças ou lembranças sem sonhos.

Compreende-se, portanto, que o recalque da função do imaginário não poderia ter êxito de uma só vez e que, em compensação, ele deve periodicamente enfrentar a irrupção intempestiva dos sonhos, com a densidade dos pesadelos. Uma temporalidade oscilante caracteriza, de fato, a instauração progressiva de um recalque como esse. Assim mesmo, o recalque, uma vez retido como a principal defesa contra a atividade do sonho, tende, cada vez mais, a consti-

---

2 Sami-Ali. *Le banal*. Gallimard, Paris, 1980.

tuir a única forma defensiva. Neste caso, o malogro do recalque reforça o recalque, ao invés de mostrar-lhe os limites e deixar que apareçam outras possibilidades. Numa situação nova, imprevista, se não imprevisível, isso incentiva a mudança, a criação e se torna, por efeito de um movimento irreversível, o pretexto para a não-mudança, como se pudesse existir apenas um meio, aquele já conhecido, de domar o indomável. A formação caracterial é esse funcionamento paradoxal determinado pelo recalque e que, por sua vez, o determina, enquanto o tempo extingue-se pela reiteração do mesmo. O caráter é uma forma estabilizada de organização nascida no tempo, mas que nega o tempo.

Por isso, no caso presente, os traços de caráter suplantam a sintomatologia neurótica ou psicótica, oposição essa que, por mais nítida que seja, não exclui que possam existir laços de que trataremos mais adiante, assim como um fundo comum a partir do qual a formação caracterial diverge da formação sintomática. Não deixa, no entanto, de ser verdade que, na formação caracterial, o domínio do recalque é tanto que se estende, para além dos sonhos, ao conjunto da função do imaginário e, no estado de vigília, a atividade onírica pára de se exercer mediante formas modificadas que vão do fantasma à alucinação. Parece, então, indispensável, quando se quer avaliar o funcionamento psicossomático, levar em conta o fato, freqüente em certos criadores[3], de que o sonho pode ser substituído por uma vida fantasmática particularmente fértil. Trata-se, então, de deslocamento de acento, não de ausência de acentuação, deslocamento que vai de par com o absoluto interesse pelo imaginário dentro e fora de si mesmo. Tal interesse, precisamente, falta no funcionamento caracterial que, pelo contrário, desvia-se do imaginário para aderir ao real, um real que, aliás, não é a realidade, mas uma certa imagem da realidade tal como se encontra num contexto sociocultural particular. O real corresponde, então, aos estereótipos de pensamento e sensibilidade, às regras de funcionamento em que se perpetua, por meio dos comportamentos, a vinculação anônima ao social. Norma e normalidade tor-

---

3 Ver H. Michaux. *Façons d'endormi. Façons d'éveillé.* Gallimard, Paris, 1969.

nam-se intercambiáveis pelo poder que exercem dentro e que é mediatizado por uma instância interiorizada incumbida da dupla tarefa de recalcar o imaginário e substituí-lo pelo conformismo. O espaço e o tempo, em vez de serem criações que emanam do corpo, enquanto esquema de representação, são suplantadas por "truques" artificiais, "quadros de referência" impostos do exterior, sem o corpo, a despeito do corpo. O real acompanha-se de um "modo de usar", que dá acesso não às coisas, mas à definição das coisas. O corpo transforma-se, então, em um corpo funcional cuja subjetividade é ocultada pela prótese que passou a ser. A adaptação é uma maneira de ser adotado, de reencontrar no não-ser um sentimento de ser, de depender de outro para existir, diante das coisas, como corpo submetido ao espaço e ao tempo. Depender de outro que se converte num verdadeiro superego corporal o qual participa do absolutamente objetivo de uma cultura e do absolutamente subjetivo do corpo e cuja problemática é aquela, fundamental, do narcisismo formal tanto quanto material[4]. Conseqüentemente, mesmo quando consegue constituir uma subjetividade sem sujeito, a adaptação em si não está em causa, ainda menos seu excesso. O que, em compensação, singulariza a situação é o fato de que a adaptação efetua-se aqui em detrimento do sujeito, permitindo-lhe ser, é verdade, ainda que seja de uma maneira impessoal em relação a outro também impessoal, e num mundo abandonado pela subjetividade. O imaginário subjetivo cede o lugar a um imaginário social provido de autoridade, que o sujeito reproduz, por meio de condutas adaptativas, para portar-se, diz Zorn, *comme il faut*. Não há nenhuma distância, então, entre a regra e sua aplicação, e tal coincidência introduz duravelmente o literal, o qual vem preencher o vazio deixado na vida psíquica pelo recalque do

---

4   Sobre o conceito de narcisismo material, ver Sami-Ali, *Corps réel — corps imaginaire*, p.123, Dunod, Paris, 1984.
    O superego corporal distingue-se a um tempo do ideal do Eu em que se projeta aquilo para que se tende, e do superego clássico, oriundo do conflito edipiano. Ele guarda, no entanto, uma certa afinidade com um e outro, na medida em que representa uma aspiração tanto quanto uma exigência. Da mesma maneira, permanece próximo, graças a seu enraizamento social, do "superego cultural".
    Sobre o problema do ideal do Eu e do superego, ver A. Parkin: "Narcissism, its structures, systems and affects". *International Journal of Psychoanalysis*, 1985, 66, 2.

imaginário, embora reforçando esse mesmo recalque. De resto, a verdadeira natureza do literal só se revela numa situação relacional típica, que, por toda a parte, cria-se automaticamente, sem levar em conta as qualidades pessoais do outro, ao qual é atribuído o papel do superego corporal. O discurso objetivo, conforme, em que tudo é tomado ao pé da letra, restitui essa única relação ao outro e a si mesmo, fixada de uma vez por todas, num funcionamento caracterial destinado a apagar a diferença e a fazer-se aceitar pelo outro. Perdendo-se de vista essa particularidade em que se deixa perceber a complexidade interna, pode-se ser levado a concluir que a transferência não existe numa situação terapêutica carente da dimensão do imaginário e em que tudo se reduz ao literal. Desconhece-se, assim, a existência de uma transferência caracterial que, incansavelmente, reproduz uma relação despersonalizada com uma instância nascida do recalque e perpetuando-o. Essa relação em que a ênfase é exclusivamente dada ao papel social, à função no interior do grupo, ao personagem público, isso até nos sonhos, os quais, ainda que a memória guarde lembrança deles, procedem da preocupação profissional. Aí, não há ruptura nenhuma com o real, o real enquanto exigência de trabalho, como se, ao sonhar, não precisasse desviar-se dele para outra coisa, precisamente, para o sonho. Longe de revelar uma fraqueza de elaboração onírica[5], a reprodução do real atesta, pelo contrário, que o desejo do sonho não é um sonho do desejo. Em resposta a tal injunção, o sonho pode dispensar deslocamentos e condensações, o que, na verdade, abre outra perspectiva à psicologia do sonho. Pois, nesse caso, o propósito do sonho é substituir o sonho pela obrigação de trabalhar, de reproduzir o banal em detrimento do imaginário. Para além de um conteúdo particular, é, portanto, toda a função onírica que se acha pervertida pela instância recalcante. Tal perversão deve ser considerada o equivalente do recalque bem-sucedido desta mesma função, de sorte que a ausência do imaginário, que se impõe de maneira evidente, deve ser atribuída a essa instância e não a uma carência real e irremediável. O palco

---

5 Ver P. Marty. *L'ordre psychosomatique*, p.66. Payot, Paris, 1980.

# Da psicose: uma teoria psicossomática 79

não está vazio, está ocultado por uma cortina que representa um palco vazio.

A patologia da adaptação decorrente disso enuncia que o recalque bem-sucedido da função do imaginário cria uma situação de alto risco que predispõe a somatizações desprovidas em si de qualquer valor expressivo e que atingem o corpo real; somatizações do literal e do neutro surgem sobre um fundo caracterial inalterável, cujo sentido simbólico só poderia ser secundário. Esse fundo, ao manter de forma constante o recalque, não favorece de maneira alguma o retorno do recalcado. Por isso, o processo de somatização está em correlação negativa com o imaginário, o que contrasta absolutamente com o figurado da histeria de conversão, em correlação positiva com o imaginário.

Ora, trata-se de mostrar como a correlação negativa permite pensar a problemática da psicose, enquanto processo psicossomático, coordenando sintomatologias geralmente tidas como não pertencentes ao mesmo conjunto significativo. Assim se descobrem laços entre nosografias que, por vezes, parecem afastadas umas das outras, isso precisamente na medida em que toda patologia define-se como um processo psicossomático submetido a um princípio de variabilidade em que o psíquico alterna com o somático e inversamente. Nessa ótica serão analisadas quatro pares sintomáticos representantes do campo da psicose na sua vinculação com a psicossomática, a saber, a hipocondria e a paranóia, a alergia e a psicose, o hospitalismo e o autismo, a patologia da adaptação e a doença orgânica.

1. Hipocondria — Paranóia

Não é certeza que a hipocondria constitua uma entidade nosográfica que possa ser diagnosticada como tal. No máximo, ela corresponde à constituição de um conjunto de quadros clínicos válido no plano da descrição, não da etiologia, e que ressalta a mesma preocupação excessiva com o corpo vivido como doente. Antes adjetivo do que substantivo, ela fica, nesse ponto, próxima, por um lado, da conversão histérica, e, por outro, das modificações corporais que acompanham a depressão, confinando também com as formas delirantes da experiência do corpo[6]. É precisamente o vínculo com a psicose, em que a crença na afecção corporal permanece inabalável em face da realidade, que singulariza a hipocondria enquanto problemática.

Freud, com efeito, estabeleceu uma relação essencial entre hipocondria e paranóia, a ponto de estipular que nenhuma teoria da paranóia é válida se, ao mesmo tempo, não consegue explicar os fenômenos hipocondríacos que quase sempre estão presentes[7]. Trata-se, sem dúvida nenhuma, de uma relação etiológica, pois que, segundo a teoria freudiana, a hipocondria precede e prepara a paranóia, como a neurose atual precede e prepara a psiconeurose. Nesse sentido, a paranóia aparece como a elaboração de uma angústia atual, que nasce de uma sexualidade bloqueada e, em vez de ser projetada sobre o mundo exterior, como na neurose de angústia, fixa-se no corpo. O narcisismo substitui assim a relação de objeto, o que distingue imediatamente a angústia hipocondríaca de suas variantes neuróticas. A articulação da hipocondria e da paranóia nem por isso deixa de esbarrar na mesma dificuldade maior[8] que, em Freud, marca a passagem das neuroses atuais às psiconeuroses, a saber que as neuroses atuais não poderiam, ao mesmo tempo, ter uma origem genital e ser a origem infantil das psiconeuroses. Ou, inversamente, que as psiconeuroses não podem, ao mesmo tempo, derivar das neuroses atuais e ter como etiologia a sexualidade infantil. Contradição essa que, além do mais, acompanha-se da crença segundo a qual a transformação da hipocondria em paranóia opera-se conforme uma evolução linear que vai do simples ao complexo. Ora, não há a menor certeza de que a hipocondria seja mais simples do que a paranóia, nem que sua etiolo-

---

6 Ver C. V. Ford. *The Somatizing Disorders*, p.76, sq. Elsevier Biomedical, Nova York, 1983.
7 Freud S. "Le Cas Schreber", *in Cinq psychanalyses*, p.303, nota 2, P.U.F., Paris, 1954.
8 Ver *supra*, p.6.

Da psicose: uma teoria psicossomática 81

gia, na falta de mediação psíquica, reduza-se ao atual. Aliás, é significativo que se, na obra freudiana, a hipocondria constitui uma lacuna teórica, esta se repercute na teoria da paranóia que deixa também suspensa a questão da projeção[9]. São, em suma, dois aspectos da mesma aporia. Por isso é que a análise da hipocondria deve ser retomada, mais uma vez, em relação, por um lado, com a projeção e, por outro, com a somatização. O episódio hipocondríaco do caso Schreber é, desse ponto de vista, muito pertinente.

Primeira fase de um longo processo psicossomático que, entrecortado de períodos de calmaria, evolui em direção a uma psicose paranóica mista, para culminar, antes da morte de Schreber, numa organização crônica acompanhada de uma patologia cardiovascular que, com o tempo, tornou-se fatal, a hipocondria apresenta-se inicialmente sob as espécies de uma singular relação consigo mesmo e com o outro. O que acontece com o corpo é sustentado por um contexto relacional implícito, à imagem de uma substância que, subitamente, cristaliza-se num meio saturado, porém, ainda transparente. As queixas corporais, lancinantes, incompreensíveis, refratadas pelo mesmo esquema interpretativo, dependem de uma maneira de apreender outrem na sua estranheza. As páginas de *Mémoires d'un névropathe* que Schreber consagra a esse episódio, confirmadas, por outro lado, por relatos psiquiátricos da época[10], permanecem particularmente esclarecedoras a esse respeito. Preocupações hipocondríacas, relacionadas com o peso do corpo, constituem o essencial da "primeira doença nervosa", observa Schreber[11]. Por isso é que o encontro com seu médico, longe de ser um acontecimento exterior, está de pronto no centro do sofrimento físico. O que aí está em causa é o próprio funcionamento do aparelho psíquico. Pois, doravante, as coisas são naturalmente insólitas e a percepção cede o lugar à fascinação, a qual é, de fato, a

---

9 Ver Sami-Ali. *Le visuel et le tactile. Essai sur la psychose et l'allergie*. Dunod, Paris, 1984.
10 Ver F. Baumeyer, "Le Cas Schreber", *in Le Cas Schreber*, p.173, ("Queixa-se de mentiras a respeito de seu peso"). P.U.F., Paris, 1979.
11 D.P. Schreber, *Mémoires d'un névropathe*, p.45. Le Seuil, Paris, 1975.

atitude de Schreber, que durante sua primeira doença teve, diz ele, "uma impressão especialmente favorável dos métodos terapêuticos do Professor Flechsig"[12]. Ficou impressionado como alguém poderia sê-lo por um mágico, um ilusionista, um criador de subterfúgios. Flechsig é tudo isso, nada além disso, hábil manipulador do real, personagem que representa seu papel com perfeição, sem falha, ou quase, deixando crer que a máscara é o rosto, que por trás da aparência não há nada. O ser é o parecer, mas o ardil supremo consiste em dissimular manifestando, em esconder que possa ter algo escondido. Enganador[13], então, é o personagem, o que ele faz ou não faz, o que profere ou silencia, e artificial é o mundo no qual ele evolui como num cenário de teatro. Revestimento do vazio, a realidade está corroída por dentro. No entanto, ela só é irreal porque desdobrada, não coincidindo com ela própria, simulando o que ela não é. O outro é uma imagem projetada que se desrealiza à medida que toma consistência e desaparece dentro daquilo que a faz aparecer. Afirmar o ser é negar o ser. Por isso é que nada pode vir acabar com o simulacro.

O outro é um duplo narcísico, circunscrito mas fugidio, qual a sombra que se projeta de si mesmo. Tudo o que diz e faz dissolve-se numa interpretação infalivelmente confirmada, porque ela mesma cria a realidade a ser interpretada, como uma dupla projeção do enigma e de sua decifração. Pois se o outro é inapreensível ele é apreendido como tal. Por mais perfeito que seja o jogo, por mais consumada que seja a habilidade, o outro acaba traindo-se por pequenos detalhes ("Claro que deveriam ter reconhecido logo em mim, diz Schreber, o ser de espírito elevado que eu era, dotado de uma inteligência e perspicácia excepcionais"[14]). É quando se revela, se não a finalidade, pelo menos a dimensão intersubjetiva da hipocondria. Essa fica inseparável da reduplicação de si no outro, outro esse tão misterioso quanto o mal que toma posse de si mesmo no próprio corpo. Bagatelas, bruscamente, prendem a atenção,

---

12 *Ibid.*, p.44.
13 N.T. — *trompe l'oeil* no original.
14 *Ibid.*, p.45.

perfurando a superfície lisa para abrir passagem para além... do reflexo. Doravante, o detalhe já não se opõe ao todo, ele é o todo que é a um só tempo um detalhe e um composto de uma multiplicidade do mesmo detalhe. Mas é por meio da recusa (da realidade) que o detalhe se impõe como aquilo que faz irrupção apesar do recalque. "Simples detalhes, diz Schreber, que eu não considero muito importantes"[15]. A fórmula pode inverter-se: coisas tão importantes que a própria recusa da realidade não consegue apagá-las totalmente. Com isso, confirma-se o que se finge ignorar desde sempre, a saber que o outro tem domínio sobre o corpo e o sofrimento que se experimenta é prova disso. Nada, portanto, que possa ser comparado com a conversão histérica, que, apesar de envolver igualmente o corpo imaginário, não deixa de criar com a mesma exclusividade uma relação de identificação com o outro, feita de sedução e de impossibilidade de sedução.

Dois detalhes, particularmente, são levados em consideração contra Flechsig, que Schreber censura, por um lado, por ter usado para com ele "pias mentiras" e, por outro, por ter deliberadamente retardado sua cura. "E, realmente, diz, o que podia eu ouvir senão pias mentiras quando, por exemplo, o professor Flechsig queria fazer acreditar que minha doença não passava de uma simples intoxicação com bromureto, causada por uma prescrição médica do Dr. R., em S., cujo tratamento eu havia seguido pouco tempo antes? Da mesma maneira, parece-me que eu podia, com certeza, ter sido liberado bem mais rapidamente de certas idéias hipocondríacas que me dominavam naquela época, em especial, a de emagrecer, se me tivessem deixado aprender a usar sozinho a balança que servia para pesar os doentes — essa balança da clínica universitária era, pois, de uma concepção singular, desconhecida por mim"[16]. Assim, em relação a Flechsig, que dispõe do real e do corpo, tudo é engodo e duplicidade. A palavra é suspeita, tanto quanto as coisas que nunca estão presentes apenas por si mesmas, sem segundo plano, sem segundas intenções. Algo de maléfico

---

15 *Ibid.*, p.45.
16 *Ibid.*, p.45.

desprende-se delas, uma intenção de dominação discerne-se nelas, a tal ponto que, perdendo sua exterioridade, elas se tornam pretexto para exercer um poder. Máquinas de influenciar à distância ou por contato, cujo caráter inquietante prende-se a um tempo à sua proximidade e afastamento absolutos, tanto como ao fato de serem familiarmente estranhas, reconhecidas mais do que conhecidas. A balança da clínica universitária é um exemplo disto: o próprio objeto que, ao decidir a questão do peso, deve supostamente acabar com a dúvida, aumenta-a desmesuradamente, tornando interminável a incerteza que se apoderou do corpo. Balança? Nem tanto, antes objeto-armadilha, que como o interior de um dédalo não leva à saída alguma.

No caso de Schreber, o episódio hipocondríaco já é assimilável a um delírio do corpo. Não é simples quanto a sua estrutura, tampouco atual em relação a sua gênese. Uma projeção o sustenta de ponta a ponta, impedindo particularmente que possa mudar, confrontada com a evidência, a crença num corpo misteriosamente atingido, doente apesar de tudo. Assim, o princípio freudiano, que faz da hipocondria o núcleo atual da paranóia, parece dificilmente aplicável. A hipocondria é, sem dúvida nenhuma, o homólogo da paranóia, porém com uma diferença: por ser ela limitada no tempo, Schreber pôde escapar dela "curado". Tudo depende do conceito de cura que se tem. Não há dúvida de que as "idéias hipocondríacas" correspondentes ao fracasso do recalque e ao retorno do recalque deixaram efetivamente a cena, a qual, no entanto, não ficou vazia. No intervalo, outro enredo começa a elaborar-se por meio de um remanejamento sintomático global. Tudo se passa, de fato, como se os sintomas hipocondríacos tivessem aberto uma brecha num recalque caracterial que, novamente, prevalece e tivessem sido absorvidos por uma nova organização caracterial reforçada, ou antes por uma reorganização daquilo que precede o recalque fracassado e define a personalidade "normal". Essa personalidade é que torna a crescer, graças a um novo recalque, o qual reduz a hipocondria a um incidente, que ela põe entre parênteses. A cura é apenas um recalque bem-sucedido que se efetua por meio do funcionamento caracterial. Resulta, então, disso um caráter paranóico mais rígido que o de antigamente, isento de qualquer sintomatologia orgânica, mas polarizado pela desconfiança ("detalhes sem importância"). Seu papel é determinante. Ele interrompe de vez a angústia corporal, ao suplantar a hipocondria, antes de, por sua vez, voar pelos ares, alguns anos depois, no delírio paranóico. Há, todavia, um fato notável: embora a peripécia hipocondríaca ponha à prova o funcionamento caracterial préexistente, este parece a um tempo causa e efeito do recalque. Causa, porque, uma vez adotado como atitude geral em frente das pulsões, o recalque caracterial tende a perpetuar-se segundo o mesmo esquema que, invariavelmente, remedia, pelo recalque, o fracasso do recalque. Já que está excluída qualquer flexibilização, que corre o risco de arruinar um sistema adaptativo sem, no entanto, remediá-lo, a alternativa é tudo ou nada. Mas o funcionamento caracterial é também o efeito do recalque, porque, efetuando-se ao contato das pulsões, ele as integra em parte, a fim de melhor repeli-las, de sorte que um compromisso duradouro entre o recalque e o recalcado instala-se cedo, compromisso em que, todavia, prevalece a instância recalcante. Como o recalque gera o recalque, observa-se uma causalidade circular, feita de linhas quebradas, nunca de curvas. Uma situação dinâmica como essa não se limita ao caso de Schreber, ela está por trás de todo funcionamento caracterial, cujo malogro, fora da hipocondria, cede lugar a somatizações que, por sua vez, desaparecem, quando o recalque caracterial retoma novamente o controle das coisas. Que a cura de Schreber signifique a restituição do *statu quo ante*, pela redução da hipocondria ao caráter paranóico que sai fortalecido, isso basta para mostrar que entre a primeira e a segunda das "doenças nervosas" não pode existir um período "pré-psicótico". Postulado por Freud, segundo o modelo de uma causalidade linear que vai do simples ao complexo, esse período, pelo contrário, encontra-se ocupado por uma patologia silenciosa, sem estardalhaço, feita de um caráter psicótico que prolonga o funcionamento normal de antigamente, mas não deixa de estar marcado pelo fracasso superado do recalque. A ausência de sintomas orgânicos durante esse período de calmaria trai assim a presença de uma sintomatologia fundamental, desprovida de sintomas orgânicos. O mesmo raciocínio que leva Freud a ver na hipocondria uma síndrome pouco elaborada, o conduz também a desconhecer a complexidade da cura sintomática em Schreber, o que não deixa de influir na maneira com que Freud concebe a etiologia da paranóia.

Essa etiologia, como se sabe, considera o delírio paranóico como a elaboração defensiva de um conflito centrado na homossexualidade. Freud chega até a deduzir, por um raciocínio *a priori*, as diferentes formas da paranóia, que, todas elas, seriam apenas maneiras de contradizer uma só e única proposição em que se enuncia o amor homossexual: "Eu (um homem) o (ele, um homem) amo". O delírio de perseguição contradiz-lhe o verbo, o delírio erotomaníaco, o objeto direto, o delírio de ciúme, o sujeito, o delírio de grandezas, os três elementos de uma só vez. Ora, toda a questão está em saber por que a contradição é mediatizada pela projeção, a qual cria o delírio e lhe proporciona as figuras específicas. Tem-se, então, forçosamente, de voltar ao recalque próprio da psicose, o qual consiste em retirar o investimento do mundo exterior que, portanto, deixando de ser investido, deixa de ser. A perda da realidade, na psicose, é a perda do investimento que, de objetal que era, torna-se narcísico, como se, na ocasião de uma regressão, todo laço só pudesse ser homossexual. Sobre esse fundo silencioso, que apenas se pode postular, na falta de poder observá-lo diretamente, irrompe o delírio que, com barulho e furor, anuncia o fracasso do recalque e o retorno do recalcado. Novamente, então, o mundo é investido, só que negativamente, por meio da projeção. Por isso, no delírio de Schreber, o amor transforma-se em ódio e aquilo que foi suprimido dentro aparece fora. A projeção é criadora da realidade, o que já a situa na vertente da cura e lhe confere um papel irredutível ao simples mecanismo de defesa. Descoberta teórica fulgurante realizada por Freud nos últimos lances do caso Schreber, embora subordine sua justificação a uma análise exaustiva, prometida, mas nunca realizada, do processo de projeção tomado em seu conjunto[17].

---

17 Ver Sami-Ali. *De la projection. Une étude psychanalytique*, Dunod, Paris, 1986.

Da psicose: uma teoria psicossomática

Freud se convenceu dessa etiologia homossexual na paranóia antes mesmo de conhecer as *Memórias* de Schreber[18]. É a teoria que ali comanda a observação, não o contrário. Transportada para o caso Schreber, só pode esclarecê-lo e, com isso, se confirmar, se ela singularizar um acontecimento, uma conjuntura excepcional que preceda ao delírio e em que surja, sem sombra de dúvida, uma pulsão homossexual. A causalidade só pode ser aplicada sob essa condição. Essa, segundo Freud, encontra-se efetivamente preenchida pelo fantasma que antecede imediatamente o delírio, fornecendo-lhe ao mesmo tempo seu tema central, o de ser ele uma mulher que está submetendo-se ao coito. Ocorrência essa que se situa fora do delírio e determina a realização no corpo do fantasma de transformação em mulher[19].

Será mesmo fora do delírio? Não totalmente, se se pensa, por um lado, que a "cura" da primeira "doença de nervos" de Schreber é apenas uma mudança na sua patologia caracterial fundamental e que, por outro lado, o "período pré-psicótico, sobretudo no limiar do delírio sistematizado, já parece atingido pelo delírio. Pois, então, tudo aquilo que se propõe a Schreber — pensamentos, sonhos premonitórios, sinais — vem de fora. O fantasma homossexual não faz exceção e é por isso que, quando aflui à consciência entre o sono e a vigília, Schreber não precisa rejeitá-lo: já está em situação de exterioridade em relação a ele. "Essa idéia, diz Schreber, era tão alheia à minha natureza que se tivesse-me ocorrido em plena consciência eu a teria rejeitado com indignação, posso dizê-lo"[20]. Schreber, daqui em diante, é o ponto de convergência de "intervenções" em que começa a despontar, para quem sabe decifrá-la, uma intenção de prejudicar. Assim, o fantasma homossexual não desencadeia o delírio, ele está envolvido num delírio em formação, no momento em que o recalque caracterial começa a ceder. Se é verdade que existe no raciocínio de Freud um círculo

---

18 S. Freud, "Le cas Schreber", in *Cinq analyses*, p. 321, P.U.F., Paris, 1954.

19 Não raras vezes, observa-se nas mulheres homossexuais praticantes a presença de um caráter paranóico, o que, para a hipótese freudiana, acrescenta uma complicação etiológica suplementar.

20 P.D. Schreber. *Ibid.*, p.46.

vicioso, o vício lógico não deixa de ser revelador de uma estrutura circular constitutiva do sistema schreberiano, no qual a projeção precede e segue a projeção, o que nos obriga a pensar a circularidade sem cair numa petição de princípio.

Se o sistema é inseparável do conteúdo sistematizado, é porque a projeção cria o objeto tanto quanto o espaço e o tempo do objeto. O próprio objeto é um espaço da mesma forma que o tempo, o da negação do tempo pela repetição do mesmo. Por isso, no delírio, tudo é espaço, tudo é redutível ao espaço e tudo participa do espaço, concebido, esse, como uma relação entre um dentro e um fora, entre o dentro que é o fora. Daí todas as relações temporais tanto como espaciais tornarem-se reversíveis, cada termo remetendo a si mesmo e ao outro, segundo a mesma relação de inclusões recíprocas. Já que o objeto encontra-se ao mesmo tempo dentro e fora, continente de si mesmo, participante de si mesmo, é essa contradição que o delírio sistematiza. Neste o impensável é pensado em relação ao espaço imaginário. Pois, confrontado com o impossível da situação de impasse, o delírio transforma duas proposições contraditórias, que se excluem mutuamente, em duas proposições paradoxais, que se incluem uma na outra, dando-lhes a forma espacial de inclusões recíprocas. Doravante, o objeto é um espelho e uma imagem no espelho, em frente de outro objeto que é o mesmo objeto, também espelho e objeto no espelho. Narcisismo absoluto, em que só existe um objeto que é também o sujeito, o qual se repercute no infinito em imagens de duplo, mas narcisismo a um só tempo material e formal, segundo o qual a similitude das aparências fundamenta-se na identidade do ser. Um só exemplo: Deus, no sistema schreberiano, confunde-se com o espaço cósmico, espaço cujas partes são simultaneamente Deus e partes de Deus e que vêm preencher raios solares que são também nervos de que Deus é composto.

Graças a esse dédalo de superfícies reverberantes, o pensamento, no delírio, pensa o impensável. Isso só pode acontecer se o próprio pensamento estiver profundamente modificado. A negação da realidade, própria da psicose, efetua-se por meio dessa modificação do pensamento. Essa, na paranóia, faz que o pensamento não precise atacar diretamente a realidade, uma vez que, sem deformá-la, ele tem condição de desrealizá-la, subsumindo-a sob o imaginário, fazendo dela um caso particular do imaginário. A razão, a que já nada faz obstáculo, perde-se no infinito da reduplicação do mesmo dentro e fora, e cuja imagem mais aproximada continua sendo o círculo. Ao criar um mundo fechado em que fim e começo coincidem, e os contrários dissolvem-se no idêntico, o delírio constitui uma tentativa extrema de superar um impasse relacional fundado na contradição, integrando a contradição. Tentativa bem-sucedida cujo efeito mais marcante é a revolução total do funcionamento psicossomático: o corpo imaginário suplanta o corpo real e, por outro lado, a projeção que absorveu o real não tem mais limite.

O trabalho da projeção, no entanto, é gradual e cada momento crucial em que o delírio esbarra no imprevisto impõe ao sistema interpretativo remanejamentos destinados a reduzir o irredutível. O que contradiz o sistema deve ser novamente interpretado de acordo com o sistema que, de tanto se estender, acaba recobrindo o ser inteiro. Na paranóia, não há uma única projeção, são várias que se seguem, entrecortadas de períodos de hesitação, abalo, dúvida, durante os quais o corpo real se torna mais frágil. Se é verdade, então, que a somatização está em correlação negativa com a projeção, a presença da doença orgânica pode igualmente ser observada sempre que o sistema interpretativo chega a seu limite.

No que concerne especialmente a Schreber, a elaboração delirante, à medida que vai se aperfeiçoando, induz um reforço das defesas imunitárias que, entre outras coisas, provoca o desaparecimento espontâneo de uma rinite alérgica, ao mesmo tempo que uma resistência excepcional à doença, a ponto de ele se crer praticamente "imortal", salvo caso de acidente. Isso, todavia, deve ser relativizado por causa da existência da entropia, de maneira que a organização psíquica mais bem agenciada, menos vulnerável por fora, deve esgotar-se por si mesma. Schreber diz isto, atribuindo aos raios uma tendência para o esgotamento energético, refletida pela degradação quantitativa e qualitativa do discurso que as vozes proferem. A falha não é a de um sistema projetivo provisoriamente posto em xeque, ela é inerente ao sistema que, como todo ser vivo, tem de se desfazer de dentro. Em Schreber, a última doença cardiovascular inscreve-se na curva descendente de um delírio que, estabilizado e tendo-se tornado crônico, encaminha-se, insensivelmente, para a morte, a qual não é uma pulsão suscetível de ser pensada, mas o impensável último.

Assim a projeção planta suas raízes no biológico, o que explica particularmente o fato que os psicóticos são raramente atingidos organicamente, mas, por outro lado, podem continuar sofrendo no plano do corpo imaginário. O delírio paranóico é a elaboração, não da hipocondria, como sustenta Freud, mas de uma situação de impasse, que, de forma diferente, determina a somatização no corpo real[21].

2. Alergia — Psicose

Síndrome psicossomática por excelência, a alergia pode se manifestar, seja esporadicamente, em resposta a situações extremas em que, acuado, o sujeito utiliza recursos biológicos inabituais e até agora desconhecidos, seja constantemente, como aquilo que duplica e determina a relação com o mundo. Aí está toda a diferença entre uma reação ao excepcionalmente excessivo e um modo de vida próprio da personalidade alérgica que se organiza nos confins do psíquico e do somático para, continuamente, defrontar-se com o excessivo. Esse coincide com a realidade exterior, tal como a restituem os sentidos arcaicos mais enraizados no corpo, que, em se tratando do tato, do paladar e do olfato, passam necessariamente pela pele. Assim, perceber torna-se sentir, vibrar com o objeto, ser modificado pelo objeto, como se o próprio objeto fosse outro corpo. Semelhante a si e diferente de si, o mundo da alergia desdobra-se em conivência com o corpo, numa profundidade em que seja possível discernir o elementar de uma relação com o fora e o

---

21 Ver Sami-Ali. *Le visuel et le tactile. Essai sur la psychose et l'allergie*. Dunod, Paris, 1984.

dentro, ao mesmo tempo que uma proximidade em que tudo o que ocorre, ocorre no corpo. Toda relação consiste em pôr em contato uma pele que toca em outra pele e em que ativo e passivo equivalem-se. A prevalência do táctil e de seus derivados exige, no entanto, ser pensada por oposição ao auditivo e ao visual, a fim de determinar como se elabora, entre próximo e longe, si e outrem, uma relação que sem se reduzir ao sensorial envolve toda a problemática da alergia. Está aí em causa a presença forte em demasia daquilo que o corpo mediatiza e coloca fora como tentativa de criar uma distância onde a distância tem dificuldade para se instaurar. Distanciar, distanciar-se é também introduzir na massa equívoca formada pelo corpo e o mundo uma diferença, um limite, uma polaridade. Isso, no melhor dos casos, só se poderia efetuar se a relação alérgica com o mundo se apartasse do táctil, a fim de permitir ao sensível tomar distância, afastar-se, descolar em relação ao corpo, graças ao distanciamento que o visual e o auditivo criam. Mais uma vez, não se trata de um movimento restrito à sensibilidade, mas de uma transformação global da relação alérgica, de tal maneira que, doravante, a distância, a diferença e o estiolamento do táctil se confundem.

Ora, toda alergia é questionamento daquilo que é si e daquilo que não é si. Questionamento da raiz do ser imediatamente antes de sua bifurcação em sujeito e objeto. Mas interrogar o ser nessa profundidade necessita livrar-se de algumas simplificações, entre as quais, especialmente, a que consiste em reduzir o corpo na alergia ao corpo erógeno na histeria, e em sobrepor, sem muito cuidado, somatizações alérgicas e zonas erógenas. Procedendo desta forma, é-se vítima de um duplo engano: por um lado, amalgamar sentido primário e sentido secundário no significado que se dá ao sintoma alérgico, e, por outro, desconhecer que a localização na alergia pode variar a tal ponto que uma alergia respiratória, por exemplo, pode suplantar uma alergia cutânea sem que nada seja mudado na dinâmica psicossomática subjacente. Pois, a alergia é, antes de tudo, uma disfunção do sistema imunitário que começa a fabricar anticorpos contra aquilo que realmente não ameaça em nada a integridade do organismo. Modificação de funcionamento em que convergem o terreno alérgico e a relação precoce mãe-criança, e que se perfila por trás da diversidade dos órgãos-alvos, órgãos sobre os quais se fixam os anticorpos e dos quais nasce a ilusão do sentido ligado à localização. Por isso, o sentido da somatização alérgica, que reproduz a imagem do corpo erógeno na histeria, só poderia ser secundário, devido à pura extrapolação; ele marca o ponto de chegada, não de partida, de um funcionamento cuja origem está em outra parte. O sentido simbólico do órgão não interfere de maneira alguma na etiologia da alergia, na "escolha do órgão" como alvo. Aplicar o modelo histérico faz assim aparecer lacunas, pontos vagos, pontilhados na leitura simbólica. Essa indeterminação explica que os órgãos envolvidos na formação da personalidade alérgica são nitidamente funções biológicas; explica também que se a asma, a febre do feno, por exemplo, têm algo a ver com o olfato, é, no entanto, todo o aparelho respiratório que se encontra atingido em primeiro lugar. E tampouco será a oralidade como tal que vai explicar que é possível ser alérgico a certos alimentos à exclusão de outros. Na alergia, o sentido simbólico remete aos sentidos do corpo e estes ao funcionamento biológico. Não é menos verdade que, se o funcionamento detecta, no sistema imunitário, uma anomalia característica, esta se produz num contexto relacional cujo protótipo é a relação precoce mãe-filho. O real valor da parte atribuída aos fatores constitucionais só se precisa quando exatamente repertoriados os imprevistos a que está sujeita essa relação. Desse modo, embora o sintoma alérgico não se reduza exatamente a uma significação simbólica, a qual, por outro lado, existe, porém, numa primeira aproximação, ele, no entanto, continua sendo o indício daquilo que se liga e desliga no corpo entre si e outrem, o vestígio de uma relação infra-simbólica fundamental, preexistente aos termos que supostamente ela liga. A alergia significa um "mal de ser" primordial, a dificuldade de nascer, de ter um corpo seu, de ser si mesmo, de ser. Reconhecer o mal-estar em sua raiz, no corpo, não é reduzi-lo ao orgânico, porque o orgânico, em primeiro lugar, é relacional. Ele é relacional antes do nascimento, depois do nascimento e para todas as funções corporais; o orgânico puro não existe, tampouco o psíquico puro, só existem ligas. Ora, não basta verificar esse fato, estender o qualificativo "psicossomático", para além das "doenças psicossomáticas" e chegar, com isso, a uma concepção psicossomática da doença, pois tamanha complexidade deve ser pensada.

Para entender a alergia do ponto de vista da psicossomática é preciso levantar a questão fundamental — implícita em qualquer pesquisa imunológica — da formação da primeira reação alérgica, portanto, da possibilidade de identificar certas substâncias como alergênicas, levando a produção de anticorpos específicos. Como será justamente que se dá essa súbita intensificação das defesas imunitárias? A linha de pesquisa anteriormente desenvolvida[22], não nos autoriza a reconhecer, nos alergênios, significações simbólicas constituídas, e sim equivalentes biológicos dessas significações, portanto algo geral, impessoal, neutro, que reflete o "clima", no sentido próprio tanto como figurado, da primeira relação entre a mãe e o filho. Aí o sensorial e o afetivo estão intimamente entrelaçados. Ao mesmo tempo, no limite do psíquico e do somático, através da oposição do olfativo e do táctil de um lado, do auditivo e do visual, do outro, é que se decide a distância em relação ao objeto, no duplo plano do real e do imaginário. Todo distúrbio precoce, que participa do psíquico e do somático, impregna-se deste clima em que, já, as funções fisiológicas elementares — às vezes até respirar — são mediatizadas por uma figura materna que, nas personalidades alérgicas notadamente, forma a matriz do superego corporal. Os alergênios são os componentes materiais desse clima. Eles traçam a fronteira entre si e outrem, onde o corpo materno, graças à reação alérgica, define-se enquanto outro em relação ao corpo da criança. Desse ponto de vista, os alergênios correspondem ao corpo da mãe posto em sua diferença e restituído à sua única dimensão biológica, dimensão que, por sua vez, vem inserir-se num processo vital mais vasto, submetido às oscilações rítmicas. Estas, como se sabe, marcam certas alergias cujo aparecimento depende das mudanças de estação, de clima e cujos agentes traem, com perturbadora precisão, o vínculo com o passado. Aqui, a infância funde-se no espaço ambiental, lúdico

---

22 Sami-Ali. *Ibid.*, sobretudo a conclusão.

mas sobretudo gustativo, olfativo, táctil e respiratório, que poderia ser um pomar plantado de árvores cujos frutos são aqueles e somente aqueles a que se é alérgico. A topografia que restitui a memória é uma projeção do corpo, que delimita um dentro e um fora e em que se conjugam o visível e o invisível. Essa demarcação é própria da alergia, como se a alergia fosse de essência espacial e uma modalidade de viver o espaço. Tal espaço aproxima e afasta, restringe e liberta, fecha e abre, cadenciado qual uma respiração. Ser de fronteiras e de ritmos, a alergia é assim. Portanto, passagem pelo limite que separa o *self* do *não-self*, às vezes, até, a vida da morte. Nessa extremidade — onde está em jogo o essencial, onde, sob as espécies dramáticas de um mal de ser "que, ao comprimir em profundidade a respiração, evoca infalivelmente um "mal de nascer" —, levanta-se em todos os níveis a questão daquilo que se é; daquilo que se é no próprio corpo relativamente ao outro e a si. Todos os indícios até agora recenseados convergem em direção à interrogação concernente à identidade pessoal, identidade essa considerada naquilo que tem de mais profundo e misterioso. Está-se na origem da subjetividade que nem o nome recebido, nem o sexo dado conseguem esgotar.

Trata-se do rosto[23], aquele que se tem, aquele que se é, visível para todos a não ser para si mesmo. Por isso deve-se considerar o fato de ter um rosto como um dado reflexivo, algo adquirido que passa por momentos privilegiados e mediações e, sem solução de continuidade, vai do não-rosto ao rosto. Pois o não-rosto existe, enquanto condição inicial que o homem compartilha com o animal inteiramente voltado para o fora, salvo exceções, mas no plano humano, salvo exceção, essa condição é rapidamente superada[24]. A mãe assume essa superação na medida em que, antes da experiência do espelho e graças à circularidade de trocas expressivas desde cedo instauradas, ela dá à criança a ilusão de ter o mesmo

---

23 Ver Sami-Ali, *Corps réel — corps imaginaire*, p.121, sq., Dunod, Paris, 1984.

24 A alergia precoce remete a essa condição inicial que pode logo pôr em confronto o lactente — em especial por meio do táctil e do olfativo e isso antes que se instale a visão binocular — e o contraditório da atitude inconsciente da mãe. Aqui está em jogo uma depressão ligada à gravidez e ao nascimento, que vem romper no casal parental um frágil equilíbrio.

rosto que ele vê, o rosto dela. O sujeito começa, então, tendo o rosto do outro porque, de pronto, ele existe fora de si próprio. Mas é um fora sem dentro, inteiramente fora e que nada ainda reflete para o dentro. Se o rosto da criança é o da mãe, é porque existe um só rosto, no qual o visível coincide com o invisível, e que é também todos os rostos. A reflexão, no duplo sentido da palavra, efetua-se de dentro para fora, no momento em que o fora torna-se subitamente problemático, porque a diferença surge pela primeira vez, acabando com a ilusão do idêntico. Por volta do oitavo mês, de fato, é que, com a ajuda da maturação, a criança é confrontada com o rosto do estranho. Se ela reage com angústia, essa não é a angústia de perder a mãe, como afirma Spitz[25], mas a angústia oriunda da apreensão da diferença[26]. A prova disto é que a angústia está no auge quando a mãe se apresenta junto com o estranho e que, nesta situação, sustentada por um vaivém contínuo do olhar, a angústia da criança explode ao mesmo tempo que a irredutibilidade dos dois rostos. Que angústia então? Não a de perder o objeto, mas a de perder a si mesmo fora do objeto, pois a diferença do rosto percebido significa que o sujeito pode ser diferente de si mesmo, desdobrar-se, ser duplo. O que termina desta forma é a coincidência de si mesmo consigo mesmo no rosto da mãe, assim como a ilusão de existir inteiramente fora de si mesmo. Ao precipitar uma crise de identidade que se confunde com a angústia de despersonalização, a percepção do estranho instaura uma dialética do *self* e do *não-self*, do mesmo e do outro, do um e do múltiplo, enquanto se esboça a possibilidade de relações não duais. Pois, se o estranho é si mesmo em dobro, é que já existem três termos.

Ora, desde Spitz, sabe-se que em geral as crianças alérgicas não conhecem a angústia do oitavo mês. Sua experiência do rosto continua sendo a inteiriça, do rosto original. Todavia, seria insuficiente evocar, a esse respeito, a fixação, pois o que está em causa, desde o início, é toda a relação do sujeito com o mundo, relação

---

25 R. Spitz, *De la naissance à la parole*, p.118, P.U.F., Paris, 1975.

26 A orientação teórica de Spitz o impede de perceber a possibilidade de existir uma problemática do rosto, que é a da subjetividade enquanto imaginário. Por isso faltam nele os próprios termos de imagem, imaginário, fantasma, alucinação, sonho etc.

que se estrutura aos poucos com vistas a impedir que a diferença exista e o mesmo deixe de ser ele mesmo. Daí uma intensa elaboração psíquica que se esforça, por um lado, em apagar a diferença, por outro lado, em reduzir todos os rostos ao rosto único, da mãe e de si, usando amplamente a identificação, a projeção e a idealização. Este é o paradoxo da personalidade alérgica: enquanto se mantém o idêntico, o sujeito fica ao abrigo da crise da alergia. Em compensação, essa irrompe como por uma brecha, quando o outro revela-se em sua alteridade, embora tendo sido anteriormente reduzido ao idêntico. Isso esclarece retrospectivamente, com luz nova, o que há por trás da primeira reação alérgica: tudo se passa como se a criança devesse inopinadamente enfrentar a diferença, a qual em hipótese alguma poderia existir. A diferença torna-se assim o irredutível de uma situação que tem tudo do impasse e comanda a emergência do outro enquanto outro, no duplo sentido psíquico e imunológico. Uma só e única lógica ordena esses dois níveis, ao opor radicalmente *self* e *não-self*, excluindo-se a possibilidade de um terceiro termo. Desde a origem, portanto, só existe uma única alternativa, a do *self* e do *não-self*, enquanto todo o trabalho psíquico oriundo do idêntico o oculta, perpetuando o idêntico em detrimento do não idêntico. O fato de a angústia do oitavo mês poupar geralmente as crianças alérgicas não é sinal de uma carência, mas algo que já anuncia uma situação de impasse. Tal situação surge sem estar forçosamente ligada à angústia do oitavo mês, quando, em momento oportuno do desenvolvimento do indivíduo, acabam chocando-se sobre um fundo de relações exclusivamente duais, o idêntico e o não-idêntico. Está-se diante de uma contradição subjacente à produção, como à reprodução da reação alérgica[27].

---

27 Bastante cauteloso diante do conceito de "somatização", sem tocar nem de leve no problema imunológico na alergia, Spitz chega a verificar que o eczema infantil remete a uma predisposição genital tanto quanto à presença de uma mãe infantil que disfarça em angústia sua hostilidade para com a criança. O que se revela, então, determinante é que a criança encontra-se exposta a "sinais afetivos caóticos" da parte da mãe, a qual transmite "sinais contrários a seus sentimentos", "sinais contraditórios". Spitz evoca então certos cães de Pavlov cuja reação, em resposta a estímulos que se tornaram incompatíveis, foi substituírem uma "neurose experimental" por um eczema. Não se teria ali uma única — idêntica — situação de impasse que suscita o eczema tanto no animal quanto na criança?

A alergia é inseparável dessa situação de impasse que é polarizada pela problemática do rosto. Ora, se o alérgico tem o rosto da mãe, é porque coloca-se, de pronto, fora da oposição entre *self* e *nãoself*, como se não houvesse senão um único rosto pertencente a todos. Isso, no entanto, não deixa de comportar um persistente sentimento de indefinição quanto aos limites do *self*, de incerteza de ser tanto no próprio corpo como em relação ao espaço e ao tempo, de não reconhecer-se no espelho: despossessão de si, que não se acompanha de nenhuma angústia, porque ela é, ao mesmo tempo, perda de si no outro. O que, no caso, traz problema não é a existência do outro, mas a existência de si relativamente ao outro. Daí haver, em grandes alérgicos, comportamentos cuja singularidade prende-se unicamente a essa lógica de si e do outro.

F. é um adolescente, no qual a asma transforma-se progressivamente em hipomania, entrecortada, nos momentos críticos, por acessos maníacos que conjugam violência e alcoolismo[28]. Intimamente ligados à situação transferencial em que a questão do pai ausente põe-se novamente com uma acuidade à altura dos sentimentos ambivalentes da criança, esses *acting-out* atacam diretamente a realidade, fazendo abstração do analista. Trata-se de uma realidade que se absorve pela boca ou pela respiração e que se

---

Resta saber então aquilo que pode ocorrer, mais tarde, com a reação alérgica, quando ela se manifesta tão cedo numa vida. É toda a questão da personalidade alérgica que se põe desta forma. Ver R. Spitz. *Ibid.*, p.171, *sq.*

28 Entre a ebriedade e a crise de asma, existe uma relação de equivalência negativa, que uma jovem paciente formula nesses termos: "Para mim, na minha cabeça, *a escolha está em ser alcoólatra ou asmática*. Parece-me que um 'porre' é, para mim, o equivalente de uma crise. Não é preciso dizer que prefiro a primeira solução à segunda. Sempre fiquei apavorada e ainda fico diante da perspectiva do ressurgimento da asma. Tenho a impressão de que, ao beber, mantenho à distância a doença. Os sintomas são, aliás, os mesmos; mesma perda da possibilidade de pensar coerentemente, mesma perda de consciência (calmante para dormir), mesma impressão mortífera, mesmos despertares, como de uma dolorosa doença, com enxaquecas, sensações de cansaço, gestos cautelosos e uma volta lenta e penosa à realidade até o próximo ataque. Direi também que o mesmo processo de desencadeamento dos acontecimentos quer evidentes, quer inexplicáveis, pelo menos objetivamente. Claro que o paralelismo só pode ser parcial, na medida em que o fato de beber é certamente sobredeterminado por outros fatores (poder falar, participar de uma festa, etc.). Mas eu bebo de duas maneiras diferentes: socialmente, diria eu, 'normalmente', mas os 'porres' são solitários e têm como objetivo o de 'dormir'".

possui igualmente pela fúria destruidora, num corpo a corpo que exclui qualquer mediação. Nos fantasmas subjacentes a tais excessos, F. identifica-se totalmente com uma realidade fora-da-lei que é a mãe e o seio. Recusa perfeita do Édipo, mas que só provisoriamente inflete a patologia para a psicose, a qual continua sendo uma potencialidade do funcionamento alérgico.

Agravado pela ausência real do pai, o desnorteamento identificatório, em F., é constante, passando por todos os matizes. Não só: "não tenho identidade pessoal", "procuro uma identidade através do outro", "só existo por identificação com o outro", mas também "tenho a impressão de existir em diversas partes", "de ser uma parte da mãe, de ser o duplo do outro, o duplo da mãe". Um sonho do espelho o confirma, embora deixando transparecer, graças à relação transferencial, outras possibilidades identificatórias: F. olha-se no espelho e vê a mãe[29].

Mãe fálica por excelência de quem ele próprio é o falo e a figura da onipotência de que ele participa. Imagem que estrutura igualmente qualquer relação com o outro sexo: cada moça é desejável porque possui um falo, o que ela comprova negando-se, indesejável porque é castrada, o que ela confessa aceitando. Daí a impossibilidade de estabelecer relações que não as identificatórias entre si mesmo e outro si mesmo, relações marcadas a um só tempo pela angústia da castração e sua negação mediante a imagem da mãe fálica.

Aí é que ocorre um episódio bastante curioso. Decepcionado por uma moça que o abandona, F. não hesita em usurpar-lhe a identidade: ele faz imprimir cartões de visita com o mesmo sobrenome da moça, porém, masculinizando Laurence em Laurent! Falsa identidade que vem preencher um vazio de identidade, mas que não deixa de introduzir sub-repticiamente, em correspondência com a evolução da situação analítica, o pai enquanto princípio de filiação. O mesmo processo identificatório que enclausura o sujei-

---

29 Sobre o significado do sonho do espelho, ver Sami-Ali. *Corps réel — corps imaginaire*, p.135, *sq*. Dunod, Paris, 1984.

to em relações duais abre agora a perspectiva do Édipo. É verdade que, no intervalo, a imagem da mãe fálica perdera parte de seu domínio e a angústia da castração, bem como a recusa (da realidade) que a acompanha, haviam-se consideravelmente atenuado.

Essa última observação já deixa entrever o que está por trás da problemática do rosto na alergia, a saber que o rosto único, uma vez posto, provoca a redução da relação triangular a uma dupla relação dual fundada pelo objeto único com relação a ele mesmo. Tal redução efetuando-se sem maior problema num nível em que a diferenciação sexual está fracamente presente, o alérgico, fora de qualquer crise, está no melhor momento de seu funcionamento psicossomático, o qual mantém a ilusão do rosto único, fazendo com isso prevalecer o imaginário sobre o real. Por isso, neste caso, a somatização está em correlação negativa com o imaginário, e enquanto dura, dentro da ilusão, a coincidência entre projeção e realidade, a alergia permanece afastada. Aquilo que, em contrapartida, determina a volta da alergia é o fato de a relação única ser posta em xeque, em conseqüência da emergência do diferente, apesar da redução ao idêntico. Assim se cria uma situação de impasse que denota a uma só vez a consumação da alergia e o início da elaboração psicótica. Pois, se para a alergia a contradição constitui o impensável, a psicose atribui-se a tarefa de pensá-lo. A oscilação clínica entre a alergia e a psicose é comandada por tal dialética, que faz a alergia aparecer como o negativo da psicose.

Em outros termos, a psicose obtém sucesso onde a alergia fracassa. Obtém sucesso porque ataca a própria raiz da contradição, convertendo o contraditório em idêntico[30]. É fácil acompanhar as

---

30 O fascínio pelo idêntico é o que constitui, em certos criadores, nos confins da psicose, a impulsão primordial. O "método muito especial" de Raymond Rousel é um exemplo típico disso. Funda-se na formação do idêntico com o diferente, do diferente com o idêntico, enquanto as palavras encadeiam-se, incluindo-se umas às outras. Ver. R. Roussel. *Comment j'ai écrit certains de mes livres*, Pauvert, Paris, 1963. Ver Sami- Ali, *Le banal*, p.41, sq., Gallimard, Paris, 1980. Mesmo processo em Unica Zürn que, em sua autobiografia, observa a propósito dos anagramas: "Inesgotável prazer para ela, o de procurar uma frase dentro de outra frase". *L'homme-jasmin*, p.25, Gallimard, Paris, 1971. Da mesma maneira no delírio verbal generalizado que, em Jean-Pierre Brisset, é espontaneamente cósmico. Ver *Les origines humaines*, Baudoin, Paris, 1980. *Le mystère de Dieu est accompli*, Navarin, Paris, 1983.

peripécias dessa conversão quando se opera a freqüente passagem da alergia à hipomania, e da hipomania à mania. O que ocorre, então, como no caso de F., é que, depois de uma profunda modificação de todo o funcionamento psicossomático, cessa a distinção fundamental entre sujeito e objeto, ao mesmo tempo que termina a clivagem entre real e imaginário. A projeção suplanta assim a percepção, enquanto a consciência vigil confunde-se com a atividade onírica. Doravante, não há percepção, nem objeto de percepção, mas um só objeto — no qual se dissolve o sujeito — que coincide com o imaginário, o qual se tornou a realidade interna e externa. O impasse, enquanto relação contraditória, não existe mais, porque todas as relações já deixaram de existir, só existindo o idêntico em relação com ele mesmo. Na mania, a reduplicação do mesmo substitui a relação de objeto.

Pode-se dizer a mesma coisa da transformação da alergia num sintoma delirante que se aparenta à paranóia. Como já mostrei a propósito do caso Schreber[31], o trabalho da psicose, seguindo o mesmo caminho do pensamento, cuja estrutura muda radicalmente, não precisa negar o real já que faz dele um caso particular do imaginário, imaginário que é, antes de tudo, uma relação de inclusões recíprocas, abrindo assim um espaço próprio para o delírio, em que o dentro iguala-se ao fora e a parte ao todo. Esse é o espaço da reduplicação do mesmo no interior de si mesmo, por que, mais uma vez, efetua-se a redução ao idêntico.

Eis agora dois exemplos dessa dupla passagem da alergia à mania e da alergia à paranóia em que predomina uma organização caracterial que oscila entre a alergia e a psicose, mas deixa aparecer a psicose como uma potencialidade de funcionamento que, vez ou outra, atualiza-se.

G. é uma mulher jovem cuja análise foi realizada por razões profissionais. Nenhuma queixa particular, a não ser um eczema esporádico e um ligeiro estado depressivo inerente ao funcionamento caracterial e que lhe dá o sentimento, na vida profissional e conju-

---

31 Sami-Ali. *Le visuel et le tactile. Essai sur la psychose et l'allergie.* Dunod, Paris, 1984.

gal, de não estar à altura da situação. É a caçula de uma família numerosa. Como perdeu o pai depois de alguns meses de nascida e a mãe sempre evitou restituir-lhe a imagem do ausente, G. sempre reagiu a esse mutismo com um desinteresse notável em relação ao imaginário. Traço de caráter que, muito cedo, afastou-a totalmente da literatura fantástica infantil e, depois, não cessou de orientá-la para o real, o qual é "o que não deve ser imaginado, o que acontece em oposição àquilo que se imagina". Indiferença que atesta o recalque do imaginário, como se fosse proibido imaginar para não imaginar aquele que a mãe oculta por seu silêncio. Calar-se, para ela, significa, portanto, impedir-se de evocar aquilo que, entre a filha e a mãe, instaura, desde o início, uma relação de desdobramento especular e permite seguir os imprevistos de um recalque que atinge o conteúdo por meio da função.

Na análise de G., o fator decisivo parece ser o recalque da função do imaginário, recalque esse que, apesar de ter empobrecido a vida consciente, deixa subsistir uma vida onírica, fragmentária, sem arroubos, contida nos limites do "razoável", obedecendo, portanto, às injunções do superego. Ora, um dos efeitos mais sensíveis da análise, à medida que o recalque ia desaparecendo, foi, em G., uma deriva contínua da vida onírica, do presente em direção ao passado e do real para o fantástico. Se, ao longo do caminho, os sonhos acabaram se tornando uma abertura para o inimaginável, reencontrando ao mesmo tempo o maravilhoso da infância, esse movimento foi inteiramente regido pelo reencontro com o pai na relação analítica.

De início, a somatização alérgica manifesta-se discretamente em G., associada a situações conflituosas que, a despeito de sua diversidade, apresentam traços comuns. À medida que se aprofunda o trabalho interpretativo, com efeito, impõe-se cada vez mais a evidência de que o eczema, seja qual for sua localização, lábil, hesitante entre braços e pernas, sempre se produz numa situação de impasse, situação atualizada pela relação transferencial em torno da irrupção de um terceiro na relação dual, a qual continua sendo a única modalidade relacional. Ora, fato significativo, se o sujeito enfrenta assim o impensável cuja existência ameaça toda a organização caracterial, enfrenta-o num estado de aflição que se chama depressão. Esse estado se caracteriza principalmente pelo desaparecimento provisório da vida onírica, ocultada pelo recalque, sem que nada, na vida vigil, venha compensar tal perda. Desta forma, se a somatização alérgica, como aliás outras somatizações, alia-se à depressão, ela, pelo próprio fato de ter rompido com o sonho e seus equivalentes, encontra-se, então, em correlação negativa com o imaginário.

Sobre toda a análise de G., que oscila entre dependência e independência, pesa então a depressão, ligada por um lado ao eczema, e, por outro, à impossibilidade de transformar a situação triangular em duas situações igualmente duais. Há, porém, o movimento inverso, que tende a passar da depressão à hipomania, até para além da hipomania, e permanece dependente da possibilidade de reduzir o contraditório ao idêntico. Numa situação de rivalidade feminina, por exemplo, a evicção da rival provoca em G. uma exaltação tão grande que nada doravante parece poder detê-la. Mesmo acesso de hipomania quando G. se sente, às vezes, aquém de qualquer conflituosidade, perfeitamente em harmonia com uma mãe que subitamente torna-se toda a realidade. Um grau a mais e é a excitação maníaca. G. faz essa experiência durante alguns dias memoráveis, quando, entre outras proezas, ela "encerra" sua análise! Durante períodos como esses, quando a própria atividade motora espalha-se como um sonho, criando o real em vez de padecê-lo, por meio de uma projeção que se apodera da percepção para fazê-la coincidir com a alucinação, a alergia desaparece. Entre somatização e imaginário existe, portanto, uma correlação negativa por que se opera a transição da alergia para a psicose e conjuntamente do corpo real para o corpo imaginário. É verdade, no entanto, que no caso de G. e em casos análogos, o trabalho analítico deve sobretudo ligar estreitamente o psíquico e o somático e, ao mesmo tempo, abrir um caminho, até agora inexistente, entre essas duas possibilidades extremas que são a psicose e a alergia. Apesar de um vaivém contínuo, que não exclui nem regressão, nem somatização, nem *acting-out*, nem deslize psicótico, o que se delineia então é o valor estruturante da terceira pessoa. A ela incumbe a mediação numa situação que se abre agora ao Édipo, em vez de ser o agente de um impasse que comporta todos os riscos. Assim, tardiamente, por uma infinita complexidade, faz-se a experiência de uma identidade antigamente malfeita, no momento em que surgiu no campo relacional da criança, o rosto do estranho. Mas é, principalmente, o funcionamento psicossomático que se encontra assim modificado.

A segunda observação apresenta a transformação da alergia em psicose como um duradouro funcionamento caracterial. Por conseguinte, não há escapadela momentânea para fora do real, mas uma organização de personalidade que se aparenta com o delírio do corpo, próprio da paranóia, e que substitui a alergia.

Esse é o caso de H., rapaz antigamente asmático, mas que agora apresenta-se com uma teoria de fenômenos corporais que todos dizem respeito à lateralidade e ao espaço. Permeia-os um sentimento persistente de perda de si e do real, por que se denuncia uma retração psicótica. Essa faz que os problemas práticos provocados por um canhotismo contrariado fiquem sem solução, ao manterem uma separação psicótica que, por sua vez, os mantêm. Tem-se aqui o círculo vicioso de uma presença que é ausência, de uma distância intransponível e nula, de uma impossível abertura. O *self*, enquanto corpo, toma o lugar da realidade, transformando-a em uma parte do corpo regida por uma projeção simétrica. Se é que há megalomania, ela é a da criança que, para agir sobre o mundo, age sobre seu corpo; a do filho único que foi H., o qual tinha relações distantes com uma mãe sempre doente e um pai bastante maternal. Por isso, em H., a infância mais precoce está onipresente, graças à dupla proximidade do mundo e do corpo, transpondo para o imaginário aquilo que já foi vivido no plano real. Assim, uma profusão de imagens do corpo, sustentadas por um movimento transferencial tipicamente alérgico, vem restituir a intimidade mágica de um mundo presente-ausente.

O ato de perceber confunde-se com o percebido, o sujeito com o objeto. Se H. se sente existir unicamente como cabeça, única parte que emerge — flanqueada por dois braços — do indefinido corporal, à maneira do homenzinho girino, sente-se ao mesmo tempo não distinto do ambiente. Um piscar de pálpebra revoluciona o percebido, que se dilata e contrai continuamente como uma respiração ritmada, que lembra provavelmente a asma de antigamente. Por vezes, H. se sente o centro de uma bola que é ele mesmo e a realidade. É, portanto, um espaço de inclusões recíprocas que organiza aqui toda a relação ao mundo, permitindo identificar o dentro e o fora, o todo e a parte.

Mas, em H., a perplexidade corporal é tão grande que ele deve, sem parar, assegurar-se de que ele existe. Daí tiques, contraturas súbitas, a busca daquilo que comprime e delimita o corpo, e a necessidade imperiosa de encontrar, no espelho, falhas dos próprios contornos. De resto, é graças à imagem especular que o corpo, da mesma maneira do que o espaço, recupera a consistência, recoloca-se no próprio lugar, embora em posição invertida. Assim o reflexo torna-se realidade e a realidade, reflexo. H. está literalmente fora de si e é nesta posição excêntrica que tem oportunidade de viver livremente o espaço, de vivê-lo rigorosamente ao avesso. Tudo se passa então como se o espaço e a lateralidade não pudessem organizar-se a não ser do ponto de vista de outro, representante da figura materna, e que o espelho substitui. E, na verdade, H. só está à vontade na impossível organização do espaço em que o corpo e os objetos em seu torno ordenam-se com vistas à complementaridade imaginária[32]. Outra maneira de dizer que o sujeito não tem rosto, e tem o rosto da mãe.

Em H., em determinados momentos, a cabeça assume dimensões fantásticas, preenchendo o espaço, ocupando todo o campo visual, o qual coincide então com o rosto. Estranha experiência, a de ver o invisível, de ver-se no invisível que se tornou ele próprio o vísivel, como se o visível fosse um espelho e o sujeito o espelho. Ser duplo desde a origem, em face do outro que é si próprio, em relação de simetria em que tudo se desrealiza, de cada lado de uma

---

32 Ver Sami-Ali. *L'espace imaginaire*. Gallimard, Paris, 1974.

superfície reverberante que age como um campo imantado no qual se perde reencontrando-se.

Todavia, ser visível enquanto rosto é o mesmo que conferir ao visível os contornos do rosto, isto é, a forma de um círculo cujo centro está por toda a parte e em lugar nenhum, círculo que é si mesmo, o corpo materno e o seio, no qual se realiza a identidade do sujeito e do objeto, do continente e do conteúdo, do corpo inteiro e de uma parte do corpo. Isso, por sua vez, deixa entrever que o corpo, que desdobra o outro e faz parte do outro, é também um falo que remete à relação dual com a mãe, de modo que a impossibilidade em que H. se encontra para delimitar-se corporalmente é a expressão de uma angústia de castração. Essa castração é ao mesmo tempo reconhecida e negada, graças à reduplicação do mesmo, à repetição do objeto no interior de si mesmo. Sendo o objeto o próprio espaço que o contém, ele se acha, portanto, simultâneamente posto e retirado, ausente por sua presença, presente por sua ausência. Em H. isso é confirmado por tendências fetichistas, entre as quais, na adolescência, uma masturbação diante do espelho depois de ter-se comprimido o corpo no espartilho da mãe, ou ainda a sensação de gozo masoquista, amarrando o corpo nu com um barbante, a fim de sentir-se estreitado, mantido por todos os lados: uns tantos indícios que poderiam convergir na aporia psicótica, mas que, aqui, conservam ainda uma labilidade devida ao funcionamento alérgico. É a outra face de uma organização caracterial suscetível de cair novamente na alergia e cuja problemática é a da dupla transformação da alergia em psicose e da psicose em alergia.

3. *Hospitalismo — Autismo*

Não é comum estabelecer um laço entre hospitalismo e autismo, tampouco considerar essas duas síndromes como ligadas a uma única interrogação que envolve fundamentalmente o "psíquico" e o "somático". É, no entanto, em torno de um eixo constituído pelo imaginário que se torna possível apreender o que une e separa esses dois conjuntos sintomáticos e, no interior de cada conjunto, a correlação negativa e positiva entre imaginário e somatização.

Forma extrema da "depressão anaclítica" que, ao dizer de Spitz, observa-se, nos primeiros meses da vida, nas crianças separadas da mãe durante períodos mais ou menos longos, e cuja profundidade depende desta separação, o hospitalismo corresponde à ausência total e prolongada da mãe e de qualquer outra figura materna. Fato notável, no entanto, a depressão nesse caso, longe de reduzir-se ao psiquismo, atinge de pronto o somático, abalando o corpo em seus fundamentos biológicos, embora, paradoxalmente, as condições de higiene prevalentes no "Asilo de crianças abandonadas" sejam superiores às de outras instituições[33]. Não há dúvida de que a falta da figura da mãe impulsiona um processo psicossomático cujos lances inesperados convém acompanhar a fim de poder elucidá-lo.

Já, na depressão anaclítica, se a baixa do quociente de desenvolvimento revela-se proporcional à duração da separação, não deixa de ser verdade que uma deterioração geral como essa conjuga-se com fenômenos orgânicos particulares, uma propensão maior para afecções das vias respiratórias[34] e uma "tendência a contrair doenças intercorrentes"[35], paralelamente a este distúrbio específico do ritmo biológico em que se constitui a insônia. Com a agravação da depressão no hospitalismo, acentuam-se mais ainda, de modo alarmante, tanto a fragilidade do corpo quanto os distúrbios do sono. O que ocorre então, além de um terrível retardamento psicomotor que deixa as crianças no nível da debilidade, vazias de expressão facial, gestual e verbal, insensíveis à dor e indiferentes ao perigo, é o aumento progressivo das doenças infecciosas, o qual, passado o segundo ano de carência afetiva, culmina numa "espetacular taxa de mortalidade"[36]. Como compreender que tamanho deperecimento possa ser tão acelerado, tão implacavelmente fatal?

---

33 R. Spitz. *De la naissance à la parole*, p.214, P.U.F., Paris, 1968.
34 *Ibid.*, p.207.
35 *Ibid.*, p.209.
36 *Ibid.*, p.217.

É preciso deter-se na explicação que Spitz dá no quadro de referência fornecido pela psicologia do Eu.

De saída, Spitz ressalva que a depressão anaclítica não se poderia explicar, como a do adulto, pela fúria do superego contra o Eu que desmorona, pois nada autoriza a postular no lactente o menor esboço de uma instância como essa[37]. Por isso, Spitz se volta para a teoria das pulsões para articular, em torno do conceito de desfusão pulsional, a dinâmica subjacente à depressão anaclítica. Pois, no estado de ambivalência em que se acha o lactente, as pulsões agressivas e libidinais estão ainda indiferenciadas, de modo que, privadas de seu objeto exterior, elas não podem interpenetrar, reforçar-se reciprocamente. Reforço em que a agressão cumpre o papel de uma onda portadora, orientando para o ambiente as duas pulsões unificadas. Basta esse fluxo em direção ao exterior paralisar-se na ausência do objeto, para as duas pulsões, que ficaram separadas, infletirem-se para o sujeito. Então, apossando-se do único objeto disponível, a agressividade faz sua obra de destruição. "Clinicamente, diz Spitz, esses bebês tornam-se incapazes de assimilar a comida e sofrem de insônia; mais tarde podem chegar a atacar a si mesmos de maneira ativa, batendo a cabeça contra a grade dos próprios leitos, golpeando-se com os próprios punhos ou arrancando-se o cabelo aos punhados; se a carência tornar-se demasiadamente total, essas crianças afundam-se no hospitalismo; a deterioração prossegue inexoravelmente, conduzindo-as ao marasmo e à morte"[38]. Da mesma forma, a pulsão libidinal sem objeto exterior traz de volta a criança para aquém do auto-erotismo, ao narcisismo primário, para, apenas, permitir-lhe viver, na espera do fim. Assim, por duas vias paralelas, a desfusão pulsional resulta num estado de desorganização no qual Spitz vê uma afinidade com a síndrome de adaptação geral de Selye, mesmo considerando o porquê da desfusão um problema "acadêmico" ainda não resolvido[39]. Tal conclusão não deixaria de surpreender se não

---

37 *Ibid.*, p.212.
38 *Ibid.*, p.220.
39 *Ibid.*, p.222.

estivesse já inscrita na base teórica a que está vinculada a metodologia desse estudo.

Uma coisa permanece certa, em todo caso: Spitz evita levantar o problema da somatização, conceito a respeito do qual expressa "restrições"[40], a ponto de silenciar o aspecto imunológico do eczema do recém-nascido. Se não deixa, nesse caso, de evocar uma "disposição congênita"[41], ele a assimila a uma maior excitabilidade cutânea, verificável em certos lactentes. Em compensação, o que ele diz sobre a situação contraditória que o lactente deve enfrentar, devido à incompatibilidade dos sinais afetivos emitidos por uma mãe infantil e ambivalente, é uma indicação preciosa de que se trata realmente ali de uma situação de impasse, disposta precocemente como uma armadilha. Por isso é que só uma análise aprofundada da situação que se cria, quando os conflitos revelam-se insolúveis, permite compreender a parte que compete ao somático nas diferentes formas de depressão anaclítica.

Percebe-se, então, que as crianças, tais como Spitz as descreve, não fantasmam, não ficam alucinadas. Nenhuma alusão ao imaginário ao longo todo de uma minuciosa descrição do que ocorre com a criança, do nascimento à fala. Outra lacuna de vulto: tudo se passa como se o problema do rosto não devesse colocar-se, já que de qualquer maneira o rosto da criança existe para o observador. Duas omissões que, em definitivo, são apenas os componentes da mesma problemática, a subjetividade. O que já apresentei concernente à experiência do rosto na alergia deve ser retomado para melhor centrar a dificuldade de conceber o funcionamento psicossomático na depressão anaclítica.

Pois, à diferença da alergia na qual a criança tem o rosto do outro, na depressão anaclítica, a criança não tem rosto, perde o rosto que pode ter, tem dificuldade em reconhecer-se um rosto por meio de uma mãe que não está presente. Em outros termos, a criança tem o rosto da ausência, ausência da circularidade de trocas, entre ela e a

---

40 Ibid., p.184.
41 Ibid., p.184.

mãe, ausência da ilusão de ter o rosto desta, ausência da possibilidade de ser amada e reconhecida em sua identidade. A depressão é a perda de si pela perda do objeto que está em si e a promessa de si, sem que nada da ordem do imaginário venha preencher o vazio, transformando a ausência em presença, a presença em ausência. Essa atividade projetiva primordial, a que, no momento em que se elabora a sexualidade infantil, incumbe a tarefa de converter o corpo real em corpo imaginário, e da mesma forma o objeto real em objeto imaginário, é que se acha aqui profundamente atingida. Na falta de poder recriar o objeto real em sua ausência, enquanto objeto imaginário em relação ao corpo real, o qual, participando da ausência, torna-se um corpo imaginário, a atividade projetiva é obrigada a alimentar-se de ausência e a reproduzir a ausência de que novamente se alimenta. Um círculo vicioso cria-se assim segundo o modelo da privação sensorial[42], levando todo o funcionamento psicossomático para o desgaste. Este consiste primeiro no empobrecimento contínuo da função do imaginário em toda sua extensão, empobrecimento que deve ser tido como o equivalente, em outros conjuntos sintomáticos, do recalque da função do imaginário, em oposição ao recalque de um conteúdo imaginário. Estamos em plena situação de impasse em que o imaginário encontra-se em correlação negativa com a somatização.

Há dois fenômenos clínicos que atestam que a função do imaginário é atingida pela depressão anaclítica. Por um lado, a insônia, que, suprimindo o sono, suprime precisamente a fase paradoxal do sono, aquela ligada à atividade do sonho[43], e, por outro lado, o

---

[42] Experiências mostraram que confrontado com um ambiente neutro no qual desaparece toda a estimulação sensorial, os sujeitos reagem por alucinações que vêm investir o vazio. É só o vazio durar demais e verificam-se efeitos deletérios sobre o cérebro, modificações de funcionamento, que preludiam o esgotamento, o deperecimento do organismo no plano psicossomático. A razão disso é que a formação reticular que se encarrega de regular a atividade cerebral precisa, ela própria, ser "bombardeada" pelos estímulos sensoriais. Ver W. Heron. "The pathology of boredom", *in Altered States of Awareness*. Freedom, São Francisco, 1971. P. Salomon *et al.* (Edit.). *Sensory Deprivation*. Harvard University Press, Cambridge, 1965.

[43] Embora haja pensamento em todas as fases do sono, o *pensamento do sonho* se limita ao sono paradoxal. Ver D. Foulkes, "You think all night long", *in* R. Woods *et* H. Greenhouse (Edit.), *The New World of Dreams*, p.298 *sq.*, MacMillan, Nova York, 1974.

desaparecimento gradual de toda forma de auto-erotismo que, pelo intermediário da motricidade, permite ao sujeito desenvolver alucinações a respeito do objeto na ausência deste. Esses dois acontecimentos são atos psíquicos que se inserem numa relação em que o psíquico é inseparável do biológico e a relação preexiste aos termos que ela liga. Tudo se passa, então, como se o recalque da função do imaginário, isto é do sonho e de seus equivalentes, fosse igualmente um recalque biológico, no momento em que se constitui esta mesma função. Tal constituição efetua-se no lactente, quando, em face da realidade emergente, modifica-se o equilíbrio instável entre, por um lado, o sono e a vigília e, por outro lado, o sono lento e o sono paradoxal. Se ali existe carência, ainda que Spitz note sua ausência nas crianças que têm "mau" relacionamento com a mãe[44], o que já é sinal do trabalho psíquico realizado, essa carência deve ser apreendida na complexidade da elaboração que ela suscita e que, numa situação que não comporta saída, por encerrar em si mesma a função do imaginário, só pode chegar ao esgotamento. Essa complexidade é que desconhecem conceitos redutores tais como "a relação branca" ou "a depressão essencial", que, um e outro, sublinham a ausência de elaboração psíquica, a qual, no entanto, existe realmente, mas a questão que se coloca, então, é a da impossível constituição da subjetividade.

O comportamento das crianças em depressão anaclítica, antes de afundarem-se no abismo final do hospitalismo, já se apresenta como uma última tentativa de enfrentar o insustentável. Com toda razão, Spitz ressalta a importância da reversão da agressividade contra si mesmo, mas é com vistas a reencontrar um objeto que substitua o objeto perdido. Assim, atacar fisicamente a si mesmo é também atacar o objeto, chamando-o ao mesmo tempo. Mas não há nenhuma resposta a esse chamado, o que entrega novamente a si mesma a atividade motora. Surgem então atos que não levam a nada, tornando-se progressivamente atos em si, sem finalidade. Ao automatizar-se, o imaginário esgota-se, enquanto o comportamento perde seu valor expressivo. O que se observa, então, são seqüências

---

44 R. Spitz. *Ibid.*, p.213.

de atos que se repetem, enclausuradas, imutáveis, mecânicas. O tempo imobiliza-se fora do tempo na reiteração do idêntico. Estamos no oposto da concepção freudiana de uma pulsão de morte: trata-se menos de automatismo de repetição do que de repetição de automatismos. Já mostrei a pertinência dessa formulação no que toca à patologia da adaptação[45], formulação que elucida igualmente o conceito de estresse por que se designa "o grau de desgaste interno do organismo"[46], levado a uma situação bloqueada, e obrigado a recomeçar; recomeçar, como que para criar o diferente de tanto repetir o mesmo e sair do enclausuramento de tanto enclausurar-se. Quadratura do círculo que prefigura a morte.

Tem-se assim, em negativo, o protótipo da depressão caracterial, na medida em que ela provoca, naquilo que chamo de depresão *a priori*[47], a inacessibilidade absoluta à vida onírica e a seus equivalentes no estado de vigília. Pois, o que, na circunstância, é eliminado do campo do consciente por causa do recalque caracterial desaparece realmente na depressão anaclítica e no hospitalismo, em decorrência do esgotamento do imaginário. Assim mesmo, o desgaste por que o processo psicossomático torna-se irreversível é também o que caracteriza a depressão *a priori* quando, separado do imaginário, e às voltas com o insolúvel, o sujeito só pode reagir por um recalque repetitivo, que, por sua vez, contribui a impossibilitar qualquer escapatória. Tem-se aqui duas formas extremas em que a depressão remete, a um só tempo, a uma situação de impasse e a uma perturbação da função do imaginário, mas que, por outro lado, sublinham a diferença entre uma função constituída e uma função em vias de constituição. Pois o imaginário constitui-se enquanto função a partir da projeção primordial cuja expressão é o sonho sustentado pelo sono paradoxal e os derivados do sonho no funcionamento vigil. Seja como for, o que caracteriza a somatização na depressão *a priori*, como no hospitalismo, é que está em correlação negativa com o imaginário.

---

45 Sami-Ali, *Le banal*, Gallimard, Paris, 1980.
46 H. Selye, *Le stress de la vie*, p.82, note 1. Gallimard, Paris, 1975.
47 Ver *supra*, p.29.

A somatização própria da depressão anaclítica e do hospitalismo não tem nada, realmente, de simbólico, nada, em todo caso, de comparável com o investimento da energia libidinal, na ocasião de um conflito neurótico, num órgão pertencente ao corpo imaginário provido de zonas erógenas. É que, por um lado, o impasse comporta, para além da situação neurótica, um conflito insolúvel, que já se aparenta com o impensável da psicose e, por outro lado, a somatização que, deixando de lado o corpo erógeno, golpeia em profundidade o corpo real. Não específica, não localizável, sem órgão, a somatização é a alteração dos processos biológicos fundamentais que põe principalmente em xeque o sistema imunitário, como o atesta precisamente a extraordinária freqüência das doenças infecciosas no hospitalismo; e isso, apesar das condições maximais de higiene e cuidados médicos. É a somatização do neutro, portanto, que tira a inteireza do corpo enquanto processo vital que nos confins do real e do imaginário, relativamente à figura materna que falta, significa a aporia do não-rosto. A essa somatização, aliás, pode aliar-se o literal, quando uma função em particular, como a visão binocular, encontra-se às vezes atingida em suas bases neuro-fisiológicas, provocando uma "coordenação ocular deficiente"[48].

Ora, se, no hospitalismo, verifica-se a passagem do corpo imaginário para o corpo real, é o movimento oposto que se opera no autismo, invertendo-se a correlação negativa entre imaginário e somatização. O autismo aparece então como o exato contrário do hospitalismo. Envolvido nessa tensão dialética, o autismo não poderia reduzir-se a uma fase de desenvolvimento que normalmente consegue-se superar, mas a que, às vezes, por diversas razões, regressa-se ou fica-se fixado[49]. O que cumpre ressaltar em todo caso é que o autismo inscreve-se de pronto numa situação particular de impasse e levanta o problema fundamental do rosto de uma maneira fortemente distintiva. Longe, portanto, de reproduzir a experiência incerta, vivida antigamente, ele é a criação original de

---

48 R. Spitz. *Ibid.*, p.215.
49 Ver F. Tustin, *Autisme et psychose de l'enfant*. Le Seuil, Paris, 1977.

uma *forma de pensamento* que, por estar no impasse, consegue neutralizar inteiramente o impasse.

Enquanto, no hospitalismo, o impasse estrutura-se em torno do vazio, sob a forma de um círculo vicioso, em que indefinidamente a ausência chama a ausência, no autismo o impasse vincula-se à contradição, inicialmente, de uma mãe que, ausente por sua presença, deseja que, à sua imagem, a criança, embora presente, organize-se na ausência: a ausência de si com relação a si, de si com relação ao outro e do outro com relação a si. Ser e não ser, ter e não ter. Contra essa antonímia, em que se reflete a questão fundamental da vida e da morte, é que a criança autista se debate, esforçando-se ao mesmo tempo para viver com uma mãe mortífera, e para sobreviver a seu (o dela) desejo de morte[50].

A psicose, já vimos, choca-se com a contradição a partir da qual ela se elabora como pensamento do contraditório e, ao fazer isso, aliena a si mesma, e alheia-se da lógica e da realidade. A recusa da realidade, tão característica da psicose, necessita assim de que toda a estrutura do pensamento se modifique a fim de pensar o impensável por meio das construções que, na paranóia especialmente, juntam a coerência ao delírio. Por uma série de transformações que é possível imaginar, o trabalho da psicose, progressivamente, converte o contraditório com o qual está às voltas em idêntico. Isso consiste, em primeiro lugar, em dar à contradição, que comporta duas proposições que se excluem mutuamente, a forma do paradoxo baseado em duas proposições que se implicam reciprocamente, o que, conseqüentemente, introduz a reversibilidade: em vez de se anularem, as duas proposições contraditórias se remetem uma à outra, num movimento circular incessante. Daí

---

50 "O fator que precipita a criança no autismo infantil é o desejo dos pais de que ele não exista". B. Bettelheim. *La forteresse vide*, p.171, Gallimard, Paris, 1969.
Existe um equivalente deste desejo naquilo que chamo de autismo traumático: nesse caso, fatores externos, que têm valor de traumatismo (nascimento com fenda palatina que torna impossível a amamentação, separação precoce do lactente e sua restituição à mãe, no momento crítico em que se elabora, em volta do oitavo mês, a angústia da identidade de si, ligada ao rosto do estranho, etc.), contribuem a uma ruptura de contato tão grande que a criança apresenta-se à mãe, para além de toda comunicação, como perfeitamente estranha, imprevisível, perseguidora. Mas os referidos fatores só têm influência em razão da atitude profunda da mãe, a qual, por outro lado, é mais acessível ao trabalho terapêutico.

uma relação de inclusão recíproca, que faz entrever que o dessemelhante pode conter o semelhante, e conter a si mesmo. Mas o pensamento psicótico só pensa o impensável em termos de espaço. Por isso, a relação lógica de inclusões recíprocas torna-se o princípio organizador do espaço imaginário, espaço onde o dentro é o fora, o todo é a parte, o grande é o pequeno, o continente é o conteúdo. Nele a temporalidade reduz-se, uma vez que as relações temporais, de irreversíveis que eram, tornam-se reversíveis. Mundo de reflexos em simetria, de imagens idênticas que, em perpétua expansão, se encaixam umas nas outras para criar uma infinidade de espaços que são o mesmo espaço, o qual constitui com o objeto uma única coisa. Aqui, como no sonho, graças à projeção, tudo se transforma numa realidade, que existe em si, fora de si, inclusive si mesmo. Já não há senão um único objeto que é também o sujeito, mesmo sendo também o espaço e o tempo do objeto. A unidade do ser é assim assegurada por um narcisismo absoluto que converte tudo em imagens de si e é, ao mesmo tempo, a forma e a matéria do ser; narcisismo material pelo qual o delírio chega a suas dimensões cósmicas.

A redução ao idêntico nas psicoses organizadas efetua-se assim por meio da projeção. Que ela suplante totalmente a percepção ou a deixe subsistir de uma maneira ou outra, a projeção mantém sempre a mesma relação com o real: inclui-o como um caso particular do imaginário. O que contradiz o sistema é interpretado pelo sistema, o qual se coloca assim acima da contradição. Outra maneira de dizer que ali tudo se reduz ao idêntico e que o real não precisa ser negado porque, sendo interpretável, serve como prova do imaginário.

O trabalho da psicose consiste, portanto, em dissolver o contraditório no idêntico, o real no imaginário e, enquanto isso, em pensar o impensável. O impensável constitui a fronteira que não se poderia transpor, mas que, uma vez transposta, modifica a própria estrutura do pensamento. Ora, seja qual for o distanciamento operado em relação à realidade, a projeção, ela própria criadora de uma realidade, não cessa de remeter à realidade. Por isso, a psicose acha-se compreendida entre uma relação do mundo travada em torno do impensável e uma relação com o mundo que pensa o impensável. Essa volta à realidade leva Freud a reconhecer um certo valor curativo à projeção, uma vez que a realidade eliminada na ocasião do recalque psicótico volta em peso nos fenômenos projetivos. Esses correspondem ao fracasso do recalque, o qual, em si, efetuando-se em silêncio, não se acompanha de nenhuma formação sintomática. Aí também trata-se de saber por que o recalque deve obrigatoriamente malograr e se é possível conceber um recalque psicótico que se mantenha e, conseqüentemente, permaneça sem sintomas. Singular entre todos, esse é precisamente o caso do autismo, em que só existe um recalque, que continua sem falha, sem arranco, imutável. Nisso, o autismo já se distingue radicalmente da psicose como, além disso, dela também se separa pela originalidade da saída que ele acha para o impasse.

A contradição é uma relação cuja trágica incompatibilidade é assumida pelo pensamento psicótico. É essa relação que o pensamento autista ataca, desmantela, faz aos pedaços. Esse pensamento, em vez de avançar, recua, em vez de tomar a contradição como ponto de partida para uma eventual elaboração delirante, recusa a contradição. O movimento inverte-se. Ao passo que, na psicose, a contradição desencadeia uma dialética do mesmo e do outro que logo frustra-se, fechando-se sobre si mesma, no autismo a contradição desaparece antes de qualquer dialética. A superfície do ser acha-se subitamente varada e passa-se para o outro lado. E como é a linguagem que faz o contraditório existir, a retração da linguagem faz que ele desapareça. De um salto, está-se do outro lado, no reverso do ser, sem linguagem, sem comunicação.

Então, no autismo, cada coisa fica reduzida a si mesma, fora de qualquer relação e o contraditório resolve-se em duas proposições idênticas, sem contexto, perfeitamente isoladas. Assim, no lugar de $a = não\text{-}a$ (contradição), obtém-se, para além da afirmação e da negação[51], $a = a$ e $não\text{-}a = não\text{-}a$ (identidade)[52]. Só existe o idên-

---

51 "Incapaz de afirmar ou de negar, ela se tornou inerte e assim permaneceu". B. Bettelheim. *Ibid.*, p.196.

52 Platão, em *Parmênides*, tira as conseqüências da posição da identidade absoluta do Uno consigo mesmo ("O Uno é o Uno"). É verdade, no entanto, que a dedução introduz uma mediação que permite que o pensamento progrida. Ver Platão. *Oeuvres complètes*, II, p.20s *sq.*, Gallimard, Paris, 1950.

tico em si, que nada seria capaz de pôr em relação com outro idêntico. Pois o simples fato de pôr em relação introduz novamente a contradição, como se, pelo simples fato de dizer que a árvore é verde, a árvore deixasse de ser árvore e o verde de ser o verde. Nada participa de nada. Toda proposição, assim como toda palavra, comporta assim a perda da identidade, a destruição de si e do outro, o desaparecimento de si no outro. Ao imobilizar-se no idêntico, que, no melhor dos casos, não pode ir além da afirmação de si mesmo na redundância, o pensamento autista desvia-se de uma dupla angústia: perder a si mesmo perdendo-se no outro, e detém-se entre o absolutamente idêntico e o absolutamente contraditório.

Tudo doravante assemelha-se no não-laço. Este não se produz posteriormente como na psicose, em que se pode efetivamente detectar, no interior do campo da linguagem, um ataque preciso contra laços existentes ou que existiram. O não-laço está posto aqui *a priori*, qual um postulado donde o resto decorre. Mais do que os laços, o autismo ataca a própria possibilidade de laços, prefigurada pela linguagem e deixa subsistir objetos sem laços cujo estatuto muda totalmente. Transformados em seres absolutos, obstinados em seu isolamento, refratários a qualquer relação, escapando à inclusão tanto quanto à exclusão, não oferecem oportunidade alguma à influência do pensamento, não que constituam o impensável, mas porque o pensamento pára de vez diante da ausência de laço. Ele se esvaece na supressão dos laços, no vazio que por toda a parte ele cria e com o qual envolve os objetos, os quais existem sem se tocar, como se todo o seu ser fosse esta recusa de contato que se encontra na criança autista.

O pensamento autista constitui, dessa maneira, objetos assimiláveis a pontos desigualmente distribuídos numa página branca e sem ligação uns com os outros. Trata-se de objetos pouco reais, já que indefiníveis, vazios de todo conteúdo senão o de serem a recusa dos laços e que são o mesmo objeto que se repete tal qual, sem estabelecer relação nem com outro, nem consigo[53]. Se se tem

---

53 O fato de todos os objetos autistas serem o mesmo objeto manifesta-se principalmente na tendência a considerar as palavras como intercambiáveis e a condensar várias palavras

aí um conjunto de objetos próprios do autismo, ele está à imagem dos elementos de que é composto, é um ponto, que é o todo e a parte, e reflete a múltipla solidão do próprio sujeito. O fato de poder detectar a existência de um conjunto desse tipo, no autismo, nem que fosse como o pano de fundo teórico diante do qual desenvolve-se uma patologia da relação, atesta a imensidade do trabalho psíquico cumprido por meio do pensamento do não-laço, com vistas a tornar simultaneamente impossível o laço e o pensamento do laço.

Pode-se agora dar àquilo que precede um conteúdo positivo, dizer como se cria o não-laço. Se o não-laço é o sinal do recalque, este, no autismo, efetua-se por meio da projeção. Não se trata, porém, de uma projeção que suponha que a distinção entre o dentro e o fora, mesmo tendo de ser remanejada, já tenha sido estabelecida, mas da projeção primordial, que origina mesmo essa distinção. No limite do *self* e do *não-self*, a projeção traça uma linha movediça e alterável que, de acordo com a necessidade do momento, reforça ou apaga-se, quebra ou delineia-se, pontilhada ao sabor de um funcionamento que oscila entre consciente e inconsciente e passa por todos os matizes em que se interpenetram a atenção vigil e a vida onírica. Freud, a propósito do narcisismo, descreve uma situação comparável, no sentido que, procedendo sob a influência do prazer a uma nova demarcação do dentro e do fora, o Eu apropria-se de tudo aquilo que, lá fora, é fonte de prazer, ao mesmo tempo que se livra, dentro, de tudo quanto está ligado ao desprazer. De sorte que, identificando-se ao prazer, o Eu identifica com o desprazer o mundo exterior, a que doravante pertencem, em decorrência da projeção, partes alienadas do Eu. O fora torna-se assim o equivalente do mau e o dentro o equivalente do bom. No entanto, se, segundo Freud, tal dinâmica inscreve-se na evolução normal da libido[54], não é exatamente a que permeia o autismo.

---

numa só, que, por sua vez, torna-se uma frase inteira, realizando assim a equivalência do todo e da parte. Assim *weather* significa we/eat/her (nós/comer/ela). B. Bettelheim, *Ibid.*, p.211.

54 S. Freud. "Pulsion et destin des pulsions", in *Métapsychologie*. Gallimard, Paris, 1968.

Aí, a projeção e aquilo que faz a imagem do mundo constituem uma única coisa, e a oposição do dentro e do fora não pode sobrepor-se àquela, relativamente tardia, do bom e do mau. Mais fundamental, no autismo, ela opera aquém da dialética do Eu às voltas com bons e maus objetos, no nível de uma relação antecedente aos termos que pretende ligar, os quais não se definem como sujeito e objeto, mas como esboços de ser. Termos inseparáveis da relação, eles não têm outra existência senão a de pertencerem a uma relação e todo o seu ser esgota-se em estabelecer uma fronteira intransponível, em opor maciçamente o dentro ao fora. Só existe tal oposição, só ela é intensificada, sem limite algum, só ela capta e concentra todo o trabalho elaborativo. O autismo é uma patologia do espaço enquanto limite.

Não há portanto nenhuma elaboração do sujeito e do objeto, os quais só existem como anverso e reverso da única superfície. Tampouco existe relação de objeto, suplantada aqui pela relação espacial entre um dentro e um fora, ambos representantes do espaço e daquilo que ocupa o espaço, o continente e o conteúdo. O ser reduz-se assim a duas categorias espaciais que simplesmente dividem os seres segundo o pertencer ao dentro ou ao fora, excluindo qualquer outra determinação. Dentro e fora definitivos irreversíveis, intemporais, deixando frente à frente, sem nenhuma relação o *self* e o *não-self*. Por isso, no autismo, o fora em toda sua generalidade é a figura materna, aquela de que a criança autista desidentifica-se a ponto de perder, ao mesmo tempo que a linguagem, o rosto próprio. Se, todavia, ela não conhece o desmoronamento do hospitalismo, é porque a mãe identificada com a realidade externa continua sendo o negativo com o qual o contato está rompido.

O fora é portanto o fora, e o dentro o dentro, tautologias que acabam com o contraditório do impasse. Duplamente, porque o impasse pertence ao fora que é só o fora e porque, uma vez constituído o pensamento autista enquanto dicotomia, a mãe não pode desejar a morte da criança. Não o pode pela simples razão que o pensamento autista fragmenta essa proposição, como qualquer outra, reduzindo-a ao idêntico: a mãe é a mãe, o desejo o desejo, a

Da psicose: uma teoria psicossomática 119

morte a morte. Antes se trata de uma dissolução do que de uma solução do impasse.

Ora, o que é notável no autismo é que a projeção que a um só tempo modificou o ser e o pensamento mantém-se inalterável. Em outros termos, a instauração de uma primeira projeção nos confins de dentro e do fora põe fim a qualquer outra projeção e torna supérfluo o eventual recurso a outra estratégia. É que, pela primeira vez, o recalque consegue inteiramente neutralizar a situação de impasse, o que cria uma outra patologia que não a do fracasso do recalque e do retorno do recalcado. Nisso, pelo menos, o autismo, em suas formas puras em que não se percebem nem delírio, nem alucinação e em que todos os afetos dissolvem-se em indiferença, permanece distinto da psicose infantil cuja rica sintomatologia atesta um recalque que falhou. Portanto, se o autismo aproxima-se das formações caracteriais em que, também, o recalque mantém-se duravelmente, ele não deixa de constituir, tanto quanto a patologia da adaptação, um exemplo singular fundado no recalque bem-sucedido.

Seja como for, instaurar um limite não significa investir a pele enquanto superfície corporal que delimita o dentro e o fora, pois que, zona erógena por excelência, a pele garante uma unidade de funcionamento que, justamente, falta no autismo. Aquém do apoio, tendo bruscamente parado no momento em que se efetua a passagem do corpo real ao corpo imaginário, correlativamente à transformação do objeto real em objeto imaginário, o corpo aqui não é o da sexualidade infantil. É um corpo sem imagem de corpo, cujas partes só existem em si mesmas, amálgama de órgãos fechados cada um sobre si e em si, que romperam todos os laços com o fora, e funciona unicamente na perspectiva de operar essa ruptura. Estamos diante de um negativo do corpo, portanto, envolvido totalmente numa projeção que traça, através do próprio corpo, uma incrível fronteira. Assim, nada deve sair e nada deve entrar, nem pela parte de cima nem pela de baixo, nem por trás nem pela frente, nem à distância nem à proximidade. Cessam, então, enquanto atividade relacional, a alimentação e a eliminação, ao mesmo tempo que a percepção e o pensamento, graças a um êxtase passivo que reduz o corpo ao limite último que separa igualmente a vida da morte. O que cessa com isso é o poder original de projeção que, por meio do corpo concebido como esquema de representação, permite à criança criar o espaço e os objetos do espaço. Tal criação é mediatizada pela constituição de um espaço corporal, antes do espaço da representação, e dos objetos — imagens-do-corpo antes de qualquer objeto. Por isso, o que entra e sai do corpo, por meio da sensoriomotricidade, é assimilado a partes do corpo que devem unicamente servir para instaurar o limite. Na falta de poder transformar os sons, assim como tudo que emana do corpo, em objetos-imagens do corpo[55], a palavra não pode acontecer. No autismo, o corpo é um conjunto funcional que já não se pode projetar, imobilizado que é numa primeira projeção a partir de que o dentro e o fora são determinados uma vez por todas, negativamente. O corpo é a negação do fora pela negação do dentro, só existe por essa dupla operação que faz dele um corpo em negativo, corpo sem corpo e rosto sem rosto. Por isso, também a visão binocular perde-se em proveito do táctil.

É dizer que no autismo o corpo não existe para si e que, conseqüentemente, o *self* não existe. Em contrapartida, o corpo existe para outro, transformado no fora que não pertence ao *self*. Fato notável, a ausência do *self* continua sendo aqui função do *não-self*. Chegou o momento de precisar, voltando para a situação de impasse, qual o papel destinado ao outro na problemática do autismo.

O outro, o fora, a figura materna é uma coisa só. Ora, cada vez que uma etiologia um tanto relacional precisa-se, ela nos remete ao transvio da função materna. Desejar que a criança não exista é o mesmo que fazer abstração de si enquanto corpo que, a um só tempo, vibra com outro corpo e o contém. Com tamanha negação de si e do outro, a mãe passa da identificação à projeção, convertendo o filho em duplo narcísico em relação ao qual se impõe o maior distanciamento. Tal situação que, por outro lado, está na

---

55 Sami-Ali. *Corps réel — corps imaginaire*, p.78 sq.

Da psicose: uma teoria psicossomática 121

origem de todas as reações psicóticas[56], complica-se aqui pelo fato de a mãe continuar assim mesmo a assumir as funções corporais da criança, assumindo-as, porém, de modo impessoal. O contato é substituído por imperativos, o corpo por um *corpus* de regras. São regras de funcionamento impostas de fora, estranhas ao corpo, em dissonância com seu ritmo, desconhecendo seu movimento de dilatação e contração, menosprezando o prazer e o desprazer, entregando-se a agressões por toda a parte, não se detendo diante de nenhuma angústia, como se o corpo não tivesse limite, nem interioridade, nem exterioridade, nem existência própria. Desta maneira, a mãe, deixando de estar sintonizada com o filho, transforma-se em superego corporal que substitui o vivido subjetivo pelos mais banais esquemas adaptativos e as trocas relacionais pelos comportamentos socioculturais estereotipados ("números", "respostas condicionais"[57]). É preciso, antes de tudo, ser correto, convencional, conforme às normas, nem que por isso fosse necessário não ter corpo e perder a subjetividade. Pois esta é, em última análise, a ação deletéria do superego corporal: proibir que a subjetividade exista, proibindo o imaginário, o qual atravessa o corpo e assume a forma do jogo auto-erótico[58], jogo absolutamente indesejável, por que, no entanto, o corpo estendendo para a vida vigil a atividade do sonho explora a si-mesmo, explora, amplia continuamente o campo de suas projeções. É toda a atividade imaginária nascente que se encontra assim golpeada e que reflui, deixando o corpo desabitado, vazio, fina película entre o ser e o não-ser.

---

56 Sami-Ali. *Le visuel et le tactile*, p.131 *sq*.
57 B. Bettelheim. *Ibid.*, p.164.
58 "Um dia, em que a filha emitia, sem parar, ruídos que para a mãe pareciam gritos de animais, a mãe se zangou, deu-lhe tapas no bumbum, e a mandou calar. Laurie nunca mais falou". *Ibid.*, pp.134-135. "Por outro lado, é preciso notar que, segundo a mãe, a masturbação cessara tão bruscamente quanto a fala: 'Surpreendi-a uma ou duas vezes masturbando-se. Dei-lhe um tapa nas mãos. Depois disso, a masturbação parou'." *Ibid.*, pp.176-177.
De resto, convém notar que a fala conservada ou voltando no decorrer de uma psicoterapia, toma freqüentemente a forma de imperativos: "Por que você fala" (*Ibid.*, p.258), "Fechar" (p.210), "não me toque", "Pára, Thomas, basta, pára de cuspir, de fazer bobagens, vou te quebrar a cara!" (Cf. C. Synodinou. *L'autisme infantile*. p.73 e p.80. Aubier, Paris, 1985).

É contra o fora, enquanto superego corporal, que se desdobra a projeção. Se, no autismo, o corpo não existe para si, mas somente em si, é porque ele só existe para tal instância que o reduz a um simples envoltório, contorno sem conteúdo, apenas um traço em redor de um desenho. No entanto, o pouco de existência que a solução autista deixa subsistir liga-se originalmente a essa relação de dependência para com o fora. Por mais que o superego corporal provoque a supressão do ser identificável à subjetividade, ele não deixa de poupar o ser não-adjetivado. A projeção de uma fronteira executa esse último salvamento por que se revela o caráter narcísico de uma instância que, com o mesmo gesto, retira o ser e o dá, e que, dentro das organizações autistas, pode às vezes concretizar-se na forma de uma máquina que influencia por contato[59]. Essa possibilidade é prefigurada pelo autismo e sua atualização marca a transição deste para a psicose infantil, mediatizada pelo fracasso do recalque primordial, fracasso que novamente torna imperativo o restabelecimento da fronteira entre o dentro e o fora. De fato, no autismo, pode haver momentos de desgelo, acompanhados de alucinações e comportamentos mágicos, os quais eventualmente esbarram no impasse e trazem de volta a criança à posição autista. Seja como for, por mais imutável que seja, a projeção continua sendo um processo intrinsecamente variável, que conhece períodos de interrupção, o que, em se tratando da somatização, revela-se totalmente determinante.

A existência de uma projeção limite que cria o limite já introduz no autismo uma correlação negativa entre imaginário e somatização. Isso combina perfeitamente com aquilo que se sabe da enigmática ausência, nas crianças autistas, de qualquer doença orgânica. Pelo menos desse ponto de vista, elas se aparentam aos psicóticos, assim como também aproximam-se das crianças mongolóides[60], que, elas também, apresentam a mesma resistência à doença física, o que não impede, ou muito pouco, que as crianças autistas

---

59 Ver Sami-Ali. *Le visuel et le tactile*, p.68.

60 Nestes estados em que o autismo mistura-se com a patologia cerebral é que o peso do orgânico, até do genético, faz-se imediatamente sentir.

possam adoecer, mas é justamente no momento em que a organização projetiva enfraquece ou cede inteiramente. Essa é uma ocorrência que se produz seja espontaneamente, seja quando, com o auxílio do trabalho psicoterapêutico, a criança começa a sair de seu "enclausuramento"[61].

Por outro lado, por causa da organização projetiva fundamental, a somatização, no autismo, privilegia o corpo imaginário, em especial nas duas extremidades do tubo digestivo. Assim, se a prisão de ventre aparece como uma constante do autismo, ela não significa unicamente a recusa obstinada de obedecer às injunções do ambiente, mas também, e acima de tudo, a vontade de instaurar a fronteira corporal entre o dentro e o fora, bloqueando o ânus. O mesmo ocorre, embora em sentido inverso, com a boca, a qual, desprovida de qualquer energia agressiva, cessa de fechar-se, de apreender, de mastigar. Pode ocorrer uma anorexia, passivamente ou como síndrome verdadeiramente psicótica. Nesse último caso, em que se distingue radicalmente de sua variante histérica, permeada pelo desgosto alimentar e sexual, a anorexia afirma-se como o meio mágico de não ser devorado pela mãe, abstendo-se de devorar a mãe. Mais uma vez, prevalece a projeção que traz de volta toda a somatização própria do autismo para o corpo imaginário.

4. Patologia da adaptação — Doença orgânica

O autismo, como acabamos de ver, é o primeiro exemplo de um recalque produtor de uma organização insólita que, pelo menos em suas formas mais puras, não deriva do processo geral do fracasso do recalque. A projeção constitui seu único agente, confundindo-se com o limite entre o dentro e o fora e impedindo que tal limite, caso venha a enfraquecer-se, deixe que se desenvolvam outras projeções, como na psicose, com vistas a restabelecer melhor, em outro lugar e de outra maneira, esse limite. A existência

---

61 Ver Sami-Ali. *Corps réel — corps imaginaire*, p.78, nota 2.

paradoxal de uma projeção que detém a projeção basta por si mesma, sem abandonar o modelo freudiano, para considerar o autismo como uma psicopatologia do sucesso do recalque. Mais radical na patologia da adaptação, o recalque não deixa subsistir aqui nenhuma projeção. O que se modifica dessa forma é o conjunto do funcionamento psicossomático orientado para o imaginário, ou seja, para o sonho e seus equivalentes. Tal modificação apresenta-se como que simétrica em relação ao recalque duradouro da função do imaginário, efetuando-se pelo intermediário da organização caracterial. Essa se encarrega de eliminar da vida consciente tanto o sonho quanto o interesse pelo sonho, de maneira que, finalmente, equivalem-se a lembrança e o esquecimento do sonho. E é como se, sabendo que se sonha, a atividade onírica já não pertencesse a si mesma, a ponto de se ouvir às vezes a observação seguinte: "É um sonho que não me diz respeito". Assim, mede-se a distância que, subitamente, torna-se intransponível em relação a si mesmo e, embora haja alienação, ela não se alia a nenhum sentimento de despossessão de si, de tão perfeito que é o acordo com o recalque e a instância que o instaura. O conflito psíquico desaparece ao mesmo tempo que o sonho, deixando no nível do consciente um funcionamento às voltas com o real, prestes a atacar eficazmente os problemas externos e a neutralizar-lhes, graças ao recalque, as repercussões internas. De agora em diante, só existe um recalque, o qual se confunde com o caráter e compensa a perda da vida onírica por uma imaginação realista que facilita um funcionamento adaptativo, em que o papel social substitui progressivamente a subjetividade. Portanto, nem neurose, nem psicose, mas traços de caráter, os mais diversos possíveis, destinados a conter o funcionamento dentro da "normalidade", embora criando insidiosa e paralelamente a essa vida sem mistério as condições dinâmicas de uma patologia que só poderia ser orgânica. Isso se dá quando, com o passar do tempo, o recalque revela-se incapaz de neutralizar uma situação que, por isso mesmo, transforma-se em situação de impasse. Então, o recalque caracterial contém em si mesmo o impasse, na medida em que suspende o conflito psíquico, suas incidências inconscientes, as possibilidades oníricas de sua elaboração, e só concebe o conflito como uma alternativa absoluta, sem mediação e sem a eventualidade de uma solução de compromisso.

O sonho existe para além da lembrança, como acontecimento biológico submetido ao ritmo do sono paradoxal, não como experiência vivida de si em toda sua totalidade. Entre um e outro insinua-se um recalque que impede as passagens e as transmutações. Ora, se, habitualmente, o recalque assume a forma do esquecimento, que pode ir até o obliteração do simples fato de haver sonhado, ele tem igualmente a possibilidade de manifestar-se em formas derivadas, que deixam entrever que toda a vida onírica, sob o domínio do superego, desviou-se da possibilidade de sonhar. Aparecem então unicamente esporádicos sonhos de trabalho que, ao reproduzirem, inalterados, os acontecimentos da realidadde, não deixam ao mesmo tempo de cumprir a injunção de não sonhar, de não isentar-se das obrigações desta mesma realidade, ou, ainda, são exclusivamente sonhos penosos, com caráter evidentemente autopunitivo, que se imprimem na memória, como se o sonho, tanto quanto a própria vida, devesse apagar qualquer vestígio de prazer. Em ambos os casos, mais do que de episódios isolados, trata-se de uma alteração profunda e permanente da própria função do sonho, relacionada com uma transformação caracterial regida pelo recalque do imaginário. Se, por um lado, a relação com o inconsciente, enquanto afeto e representação encontra-se assim cortada, por outro lado ela se mantém no plano da instância que proíbe e mergulha suas raízes no inconsciente.

Na patologia da adaptação, o recalque do imaginário suprime uma função a fim de suprimir um conteúdo, como se o desaparecimento dos sonhos estivesse destinado a fazer com que alguns conteúdos desapareçam. De resto, tudo leva a pensar que a demorada instalação do recalque caracterial passa primeiro pela eliminação — a qual logo revela-se insuficiente — do conteúdo onírico, antes de atingir o conjunto da atividade do sonho. Com isso, delineia-se em dois tempos a atitude fundamental em relação ao imaginário, a qual, ao fortalecer-se, determina um funcionamento caracterial em que o conformismo aparece no lugar da subjetividade. Isso basta para mostrar que o recalque é bem diferente da inibição, a qual modifica uma função sem suprimi-la, inscrevendo-se assim na dinâmica da formação dos sintomas.

O que eu queria agora acrescentar é que o recalque caracterial do imaginário pode encontrar seu equivalente somático em alterações particulares que se produzem no decorrer de certas quimioterapias e atingem, ao mesmo tempo que a função do imaginário, o conjunto do funcionamento psicossomático. Trata-se de mostrar num caso preciso, graças à correlação negativa entre projeção e somatização, como ao "ficar curada" uma psicose cede o lugar a uma doença orgânica, no caso ao câncer.

Num livro pungente, *Le délire et le deuil*, Jacqueline de Segonzac restitui, com delicadas observações que se estendem de 1956 até 1979, sua terrível experiência da psicose maníaco-depressiva. Relata particularmente fracassos e sucessos parciais de uma terapêutica que, sem excluir oportunadamente uma forma de psicoterapia, permanece do começo ao fim no âmbito da medicina; é quando se produz uma mudança decisiva de rumo graças à utilização do "remédio milagroso" em que se constitui o lítio. Eu me limitarei à análise deste último período, quando, a partir de 1969 — ano marcado pelo uso do lítio, bem como por um domínio crescente do humor, o que atesta que "os grandes dramas reduziram-se a um controle rotineiro"[62] —, os acidentes somáticos aparecem e em seguida precipitam-se.

Delírio e luto são as duas faces inconciliáveis de uma realidade que, aos arrancos, fecha o cerco em torno daquela que sofre essa violência no próprio corpo e no próprio espírito, pois "enlouquecer não é perder a cabeça, é perder o próprio corpo"; acossada como está na extremidade do ser onde se encontra, ela só pode conhecer estados extremos. Aqui, como no caso de um pintor, toda a experiência do mundo é refratada através de uma sensibilidade visual extraordinária que, sem conciliação, faz alternarem o claro-escuro da depressão e o cromatismo exaltado da mania, duas ima-

---

62 J. de Segonzac. *Le délire et le deuil*, p.267. Calman-Lévy, Paris, 1981.

gens cindidas do mundo que, de modo ininterrupto, encontram, cruzam, afastam-se uma da outra, conferindo à realidade, em determinados momentos em que chegam a coincidir, uma densidade fugaz. Mas ela se perde, se dissolve na dupla projeção de um mundo de cores sem sombras e de um mundo de sombras sem cores.

No entanto, as cores, para Jacqueline de Segonzac, não são unicamente aquelas cuja sutil mudança — o verde transformando-se em azul — é o sinal prenunciador da crise de mania. São elas simultaneamente sons que acalmam ou excitam ("quando as pradarias se cobrirão de flores e ressoarão as compânulas roxas do verão"[63] e que, estridentes, tornam-se gritos: "O verde das árvores e dos gramados repousa os olhos, os olhos ficam tão cansados na crise maníaca, são eles tão solicitados pelo grito das cores"[64]. O amarelo principalmente faz parte dessas cores, repercutindo-se para além da simples sensação: "não durmo muito; assim que fecho os olhos, vejo desenrolar-se um desenho animado de um amarelo cru, o que é bastante cansativo"[65]. Puras qualidades sensíveis, as cores são, todavia, suscetíveis de transformar-se em vozes que cantam com uma força que, por vezes, torna-as intoleráveis: "Não fico mais sem os meus óculos pretos para que as cores não cantem com tanta força"[66]. Em outros momentos: "As cores falam em coro. — Claude, você sabe brincar de retrato chinês? — Tente comigo, sou muito inteligente, responde ele rindo. — O azul? — A ternura, claro! — Qual é a cor de Mathilde? — Cassis"[67]. De pronto, certas cores são afetos, "climas" em que se opera a osmose entre tempo e espaço, presente e passado, percepção e lembrança: "Tenho de reconciliar o verde da Bretanha e o azul em que se banhou minha infância"[68]. Por outro lado, na orla da crise, a cor impõe-se,

---

63 Ibid., p.261.
64 Ibid., p.185.
65 Ibid., p.216.
66 *Ibid.*, p.215.
67 Ibid., p.243.
68 Ibid., p.237.

enigmática: "Eu revia o grand Z roxo que zebra a história. Assim que atravesso a linha do delírio, os temas e as histórias esquecidas retomam seu vigor"[69]. Pode até acontecer que a crise maníaca, ao acelerar-se, projete personagens que são cores: "Bomatte é cinzenta e cor-de-rosa, mas não "rosa-salmão", "rosa-lukum". Geza é cor de laranja, e Erzulie, a Vênus vodu é azul do Egito, o mesmo azul do que Isis (...). Ao meu lado estão dois arcanjos que me transportam para onde o espírito me impele (...). Em seguida, um quadro violentamente iluminado: sagro cavaleiro Nicolas, dando-lhe a grossa esmeralda bruta (...)"[70].

No coração dessa tamanha exuberância de cores, certos contrastes têm valor de símbolo com virtudes mágicas: "Reconheço o grande peixe negro, a mãe feroz que ronda seus filhotes, vislumbro a longa forma roxa de Mathilde que se esgueira ao nosso lado, e o inimigo, o grande mágico amarelo que petrifica os amantes tocando-os com a vara de condão"[71]. Ou ainda: "Esta noite, a imagem de uma bruxinha preta obceca-me. Acendi duas velas roxas"[72]. E, no decorrer de um "delírio negro": "Minha filha é alternadamente Joana d'Arc ou o falcão negro. Ela comanda inúmeras tropas e, portanto, é imperativo que seu *carré* permaneça branco"[73]. Enfim: "Paul me explicou que era muito difícil 'extrair-me' daqui: o hospital não quer tomar a responsabilidade de me dar alta. Dizem que nunca viram uma pessoa maníaca tão maníaca como eu. Mas minha mãe preta e minha mãe branca são todo-poderosas e conhecem o sésamo que abre as portas"[74].

De todas as cores, no entanto, por ser complementar do azul da infância, o laranja é privilegiado. Na ocasião do delírio, o laranja é Geza, o homem amado que está longe e insensivelmente vai afastando-se: "Vitória. Geza morreu e ressucitou! Tornou-se a cor la-

---

69 Ibid., p.242.
70 Ibid., p.218.
71 *Ibid.*, p.254.
72 *Ibid.*, p.253.
73 *Ibid.*, p.243.
74 *Ibid.*, p.259.

ranja. Todo o laranja do universo é ele. O laranja que tinge o céu esta noite é ele, e eu me afundo no laranja, o laranja radiante dos ícones e os grandes anjos cor de laranja. Nicolas me dá um gomo de laranja que deixo derreter junto ao céu da boca sem encostar nele os dentes. Já não há trem, horas que passam, só o laranja que enche minha boca e que é Geza. Jamais esquecerei a alegria de estar perdida no laranja"[75].

Cor tanto quanto voz e sabor (fruto e hóstia), o laranja torna-se toda a realidade para a qual se abrem os sentidos, de que a boca frui, ao mesmo tempo seio e corpo materno, juntos. Continente e conteúdo nele se incluem mutuamente, da mesma forma que dentro e fora, todo e parte, enquanto caem as tensões e derretem-se as contradições no objeto único. Objeto sem sujeito ou sujeito sem objeto, é em direção a essa última realização que freneticamente tende toda uma vida, marcada pela morte, ocorrida no parto, da mãe ("Só desenho uma coisa, a ausência de minha mãe, a irremediável vacuidade ..."[76]). Essa realização efetua-se no mesmo nível da percepção, obliterando o que diferencia sonho e vigília ("Estaria acordada ou seria sonho mesmo?"[77]), e reduzindo o visual ao oral ("meu olho tornou-se uma boca. Ele saboreia as cores: limão num sorvete, cereja em aguardente, verde peppermint"[78]). Tal transformação se dá por meio de uma dupla projeção que transforma positiva e negativamente a realidade, segundo prevalece a fase maníaca ou depressiva. O processo psicótico põe também em equação termos que não pertencem à metáfora, mas provêm de uma metamorfose.

A realidade na psicose é, portanto, uma totalidade que a projeção estrutura, reduzindo-a ao espaço de inclusões recíprocas que lhe desvenda a unidade. Trata-se de um espaço imaginário, no qual, na ocasião da aceleração maníaca tudo se desdobra e liga, como se nada daquilo que existe pudesse ser simplesmente si e em si.

---

75 *Ibid.*, p.238.
76 *Ibid.*, p.264.
77 *Ibid.*, p.255.
78 *Ibid.*, p.214.

"Estou deitada, com minha boneca nos braços, no limite extremo do arrebatamento. Uma calma soberana corre por minhas veias, ao longo de meus nervos, de meus músculos. Sou um bastardo, escondido em algum lugar. Sou uma criança escondida, nascida antes do casamento. Sou o filho de Lyla, a criança demasiadamente preta, a criança louca de cabelo crepitante e que é preciso furtar à vista dos outros"[79]. — "Claude faz-me uma visita. Pergunto-lhe como devo me comportar. Ele me dá a cor: 'Mas o quê! Como a condessa de Segonzac...' Essas palavras marcam o início do espetáculo. Eu 'sou' a condessa de Segonzac, a outra, a verdadeira, aquela que me criou. Claude é René, seu cunhado, e minha filha, sua filha, não deve desconfiar de nada, porém ela vigia. Eis que René se transforma: está com oitenta anos. É o ancestral vindo transmitir suas instruções"[80]. Por conseguinte, tudo se encaixa em tudo e as coisas, tanto quanto as palavras, têm duplo sentido: "Bebo meu café. Estou no hospital, mas também em outro lugar ... Este hospital esconde uma estação espacial"[81]. "Começo a suspeitar que este lugar, um hospital que é também uma estação espacial, deve ser algo mais ainda"[82].

Assim, enquanto a paranóia fragmenta e a histeria condensa[83], a mania, esta, procede por desdobramento e ligação. Liga, sem fusioná-los, elemento heterogêneos, tomando pretexto das semelhanças mais fortuitas para criar relações espaço-temporais de contigüidade e principalmente de sucessão. Tudo se passa então como se as coisas conduzidas novamente no ritmo que dispara constituíssem uma única coisa, e qualquer coisa comunicasse com qualquer coisa. O ritmo é soberano, fazendo o visível arremeter em sucessivas vagas, e o espaço não é senão os fragmentos do tempo estilhaçado que se imobiliza.

---

79 *Ibid.*, p.254.
80 *Ibid.*, p.244.
81 *Ibid.*, p.255.
82 *Ibid.*, p.256.
83 Ver Sami-Ali. *Le visuel et le tactile*, p.15.

Na vida de Jacqueline de Segonzac, durante o referido período, uma dupla relação foi determinante: a com Geza, que se distende até a ruptura, e a com Mathilde, mãe-de-santo do vodu. A iniciação empreendida por esta, na ausência do tratamento psiquiátrico, provisoriamente cancelado, opera em profundidade: "É mais difícil do que um parto, é um parto 'regressivo'. Eu digo 'Mamãe'. Viajei pelo tempo e cheguei até o minuto em que minha mãe foi levada num fluxo de sangue. Fizeram-me regredir para muito além deste momento. Algo ligado à minha vitalidade mais profunda, esse feixe de energia que nos mantém em vida, perdeu um pouco de sua mortal tensão. O que as palavras, tantas palavras despejadas sobre minha cabeça, o que centenas de pílulas não fizeram, esse 'teatro' o desencadeou de uma só vez"[84].

Dois sonhos são anotados nesta mesma época: um, depois de uma noite passada com Geza, assume uma aparência messiânica, faz com que se interpenetrem sacrifício, redenção e destino dos homens. Ameaçado de destruição total, o mundo pode ser salvo por um cordeirinho de cor preta que é colocado no altar e "no instante em que o gládio abatia-se sobre ele, eu me tornei esse cordeirinho e explodi de alegria"[85]. A vida e a morte se confundem no mesmo gesto em que o sujeito, culpado de ser, cessa de ser e compraz-se em não ser nada. O segundo sonho realiza, sem rodeio, a volta ao elementar materno, no caso, à água: "Sonho que sou uma lagoinha onde vem beber gado de grande porte. É uma grande alegria ser bebida e matar-lhes a sede"[86]. Por mais que a psicose maníaco-depressiva seja sustentada por um ritmo biológico, a culpabilidade de sobreviver àquela que não é mais é que lhe constitui a origem.

Podemos agora abordar os efeitos orgânicos da quimioterapia centrada no lítio.

Com efeitos secundários previsíveis, ao cabo de nove meses, o tratamento parece enveredar, no plano orgânico, por um impasse,

---

84 J. de Segonzac. *Ibid.*, 233
85 *Ibid.*, p.201.
86 *Ibid.*, p.243.

devido à descoberta de uma importante anemia que é atribuída à intoxicação pelo lítio e decide-se interromper o tratamento. Um primeiro círculo vicioso delineia-se para além de qualquer consideração de dosagem: o medicamento torna-se causa da doença. O que há de notável no caso é que o psíquico, ao modificar-se, modifica o somático. Durante esse período de incerteza, ocorrem algumas síndromes orgânicas do tubo digestivo: colite, gastrite e esofagite acompanhadas daquilo que parece, à altura do estômago, uma "neoformação do tamanho de uma pequena laranja"[87]. Todavia, pouco tempo depois, uma radiografia de controle não acha vestígio desse tumor. Mesmo assim, apesar dos cuidados médicos, a anemia persiste e já não se pode responsabilizar o lítio por ela: "anemia de origem desconhecida", conclui-se. No entanto, com o recomeço do tratamento com o lítio, "surge um sinal de alerta em outro front: tensão intra-ocular e início de glaucoma, portanto, pilocarpina para o resto da vida"[88]. "Tenho a impressão, diz Jacqueline de Segonzac, de ser uma balança de precisão de cujos pratos tentava-se em vão conseguir o equilíbrio"[89]. Não se poderia expressar melhor a situação de impasse.

Essa situação continua, fazendo pesar sobre o paciente, no momento em que, por outro lado, descobre-se "um derrame sinovial no joelho esquerdo ou um início de flebite", ameças de doenças cada vez mais graves ("câncer, leucemia? outra coisa?"[90]). Não se pode mais fechar os olhos para as incidências somáticas de uma doença mental em vias de cura, cura essa que se manifesta pela perda da relação mágica com o mundo, o qual se descolore[91], como se a cor fosse o próprio imaginário: "O que me afligia era que Cara Feliz entregara a alma a Deus e não passava de uma boneca de trapos. Bem que desconfiava de que isso constituísse um passo em direção à cura, mas esse não era um pensamento

---

87 *Ibid.*, p.212. O laranja de novo! Trata-se de uma imagem que tem sua coerência temática, mas cujo sentido é unicamente secundário.
88 *Ibid.*, p.225.
89 *Ibid.*, p.225.
90 *Ibid.*, p.261.
91 *Ibid.*, p.267.

capaz de substituir um companheiro"[92]. Os dois médicos que cuidam dela evocam, aliás, a possibilidade dessas incidências somáticas: um deles levanta a questão de saber se o lítio não diminuiria os períodos fecundos nos criadores[93], enquanto o outro observa: "Penso que a senhora terá menos altos e baixos, mas talvez mais inconvenientes físicos"[94].

As últimas páginas assinalam uma volta à vida normal, mas a que preço! "A cada dia que passou, eu me empobreci, meus devaneios adelgaçaram-se, meus papéis destacaram-se de mim um a um. Perdi tesouros e talismãs e eis-me bem desprovida; não consigo mais desenhar. Só algumas figuras alegóricas e estereotipadas nascem na folha de papel"[95]. Ora, se com isso termina a psicose maníaco-depressiva enquanto entidade psiquiátrica, não significa para tanto o fim de todas as doenças. Tal cura obtida em detrimento do imaginário anuncia insidiosamente uma transformação sintomática: o psíquico retrai-se diante do somático. É assim que, algum tempo depois da volta à normalidade, Jacqueline de Segonzac descobre que tem um câncer no seio[96].

Tudo ocorre, então, como se a eliminação da doença mental se efetuasse pela eliminação do imaginário de que se alimenta, ao mesmo tempo que pela adaptação à realidade[97]. Provavelmente

---

92 *Ibid.*, p.261.
93 *Ibid.*, p.228.
94 *Ibid.*, p.247.
95 *Ibid.*, p.265.
96 *Ibid.*, p.23.
97 Ver. J. Gorot. "Processus projectif et neuroleptiques". *Psychiatries*, 1981, 3, nº 45.
O conceito de "psicose adaptada" designa exatamente o que ocorre com o delírio, quando, em conseqüência dos cuidados psiquiátricos, ele desaparece ao mesmo tempo que o imaginário. Introduzido no meu livro *Le banal* (p.81, *sq.*, Gallimard, Paris, 1980) a propósito de *Le schizo et les langues* de L. Wolfson, este conceito confirma-se pela evolução subseqüente do autor que, assim como o mostra um novo livro, *Ma mère, musicienne, est morte* (Navarin, Paris, 1984), torna-se perfeitamente adaptado, como pode sê-lo uma personalidade esquizóide, que liquidou o pouco que restava da sintomatologia delirante, centrada no desejo de destruir a língua materna.
Por outro lado, de modo geral, "se é verdade que os neurolépticos diminuíram o sofrimento, eles geram, em contrapartida, um embrutecimento mental e uma anestesia que se traduzem no campo da produção plástica por uma perda das faculdades de criação". M. Thévoz, *L'art brut*, p.17, Skira, Genebra, 1980.

trate-se aqui do recalque do imaginário enquanto função, o que resulta, como em todas as patologias fundadas na adaptação, numa somatização em correlação negativa com a projeção. O corpo real é atingido por meio de uma somatização que nada tem de simbólico, a não ser secundariamente, porque inscreve-se de pronto no literal e no neutro. Aqui o impasse, de que por outro lado ignoram-se os profundos determinantes psicológicos, manifesta-se desde o início, no plano dos efeitos incompatíveis da quimioterapia. Ele se reforça sem descontinuidade para criar, com o desgaste do imaginário — desgaste que deve ser tido como o equivalente biológico do recalque da mesma função — uma situação de risco máximo, fechada e intransponível. A patologia engaja-se no irreversível, enquanto a sintomatologia acha-se regida por uma variabilidade inerente ao vaivém do processo psicossomático.

Quatro pares antitéticos permitem assim situar a psicose no contexto da somatização, a qual oscila entre o corpo real e o corpo imaginário. Se a projeção constitui-lhe o eixo fundamental, é que já está provida de um valor biológico[98] tal que, a partir dela, torna-se possível definir o que cataceriza no indivíduo, em determinado momento, o conjunto da economia psicossomática. A somatização, porém, fica dependente de uma situação de impasse que só a psicose, enquanto tentativa de pensar o impensável, tem condição de transpor[99]. A psicose transpõe essa situação, por meio de uma redução — mediata ou imediata — ao idêntico, dissolvendo as polaridades na posição do objeto único, que é também o sujeito único. Ao contrário do conflito neurótico, cuja forma é a simples alternativa, *a* ou *não-a*, a situação de impasse comum à

---

98 Cf. O.C. Simonton and S. Mathews-Simonton. "A psychophysiological model for intervention in the treatment of cancer", in J.S. Gordon, D.J. Jaffre et D.E. Bresler (Edit.), *Mind, Body and Health*. Human Sciences Press, Nova York, 1984.

99 Fora a patologia, o impensável está no cerne de toda experiência criadora, mística e poética, que se defronta com o limite. Bassui: "Apenas, superai o estágio de espera e vede-O no impasse onde nada podereis fazer", in M. Shibata, *Les maîtres du Zen au Japon*, p.222, Maisonneuve et Larose, Paris, 1976. Aliás, é também a mesma técnica extrema que é utilizada pelo Koan Zen. Ver T.Izutsu. *Le Koan Zen*, Fayard, Paris, 1978.
Introduzi o conceito de "pensamento do imaginário" para elucidar, no campo da poesia mística árabe, a maneira que lhe é própria de pensar o impensável. Ver Hallaj, *Poèmes mystiques*, p.16. Tradução, introdução e caligrafia de Sami-Ali. Sindbad, Paris, 1986.

psicose e à somatização é totalmente estruturada pela contradição: *a* ou *não-a* e *nem a, nem não-a*, o que *a priori* exclui qualquer solução neurótica.

A contradição, no entanto, pode ter formas derivadas entre as quais, em primeiro lugar, o círculo vicioso que, ao criar um adiamento sem fim, leva à neutralização de todas as saídas: *a* ou *não-a;* se *a* é *não-a;* e se *não-a* é *a* ...[100]. Uma variante é fornecida por certas situações extremas de que não se consegue sair: nem de maneira momentânea, porque existe, particularmente na criança em vias de "aprendizagem" imunológica, uma distância entre aquilo que adquiriu e o que fica por adquirir no plano psicológico, nem de modo duradouro, porque escapando da aprendizagem a repetição das mesmas tentativas de solução que malogram resulta num desgaste tanto psíquico quanto somático, enquanto já se esbarra no irreversível.

A terceira forma de situação de impasse é a de uma alternativa que curiosamente lembra a alternativa neurótica, *a* ou *não-a*, com a diferença, porém, de que aqui ela é nítida, definitiva, sem meiatinta. Isso contrasta radicalmente com o procedimento neurótico que comporta sempre, na ocasião da elaboração do conflito, a possibilidade de um compromisso entre termos opostos, por que, de resto, retorna o recalcado. Entre ser agressivo e não agressivo, por exemplo, se a neurose escolhe o recalque da agressividade, esta não deixa de se expressar, a despeito do recalque, por meios indiretos, numa nova formação que não é senão o sintoma: ser agressivamente passivo. A alternativa absoluta, essa, exclui totalmente que possam existir misturas, transições, uma mediação. Por isso ela guarda o vestígio de um recalque, o qual, ao manter-se, impede a constituição dos sintomas neuróticos ou psicóticos, por meio dos quais se opera um sutil equilíbrio entre o recalcado e o recalcante.

---

100 As descobertas de Alexander ressaltam a importância do círculo vicioso na etiologia de diferentes síndromes psicossomáticas, principalmente a úlcera gástrica e a hipertensão arterial. Ver F. Alexander, *La médecine psychosomatique*, Payot, Paris, 1967. Sami-Ali, *Le visuel et le tactile*, p.103, *sq.*

A quarta e última forma da situação de impasse é o dilema que, ele também, começa pela alternativa neurótica, *a* ou *não-a*. No entanto, se a escolha torna-se impossível é por causa da extraordinária ambivalência que, do começo ao fim, permeia a situação. Tudo se passa então como se a alternativa neurótica houvesse se desdobrado em seu contrário e, simultaneamente, *a* significasse *não-a* e *vice-versa*. As soluções anulam-se progressivamente pela anulação recíproca dos termos do enunciado.

Seja como for, o recalque da função do imaginário carrega consigo os germes do impasse, na medida em que o funcionamento caracterial transforma a alternativa em alternativa absoluta. Se o problema envereda pela via médica e se, como conseqüência de uma quimioterapia, verifica-se o desaparecimento real do imaginário, desaparecimento que tem valor de recalque de uma função, vê-se então fecharem-se as mordentes da armadilha. Como em certas alergias a medicamentos, o remédio torna-se fonte de mal e o problema insolúvel.

O psíquico e o somático coincidem assim dentro do mesmo funcionamento.

IV Do Impasse
Outros dados

Apesar de não ser produzida pelo impasse, a histeria — especialmente na mulher — pode simular o impasse no intuito secreto de tornar inextricável a relação com o outro a quem se tenta seduzir, mantendo-o, porém, a uma distância que nada poderia diminuir, por estar ela inserida num percurso labiríntico, emaranhado, feito de ilusões, falsas saídas, esperanças habilmente alimentadas. Trata-se de uma topografia do desejo que pode subitamente investir todo o espaço analítico, tornando-o impraticável, a não ser que seja atravessado num sentido único e predeterminado, desembocando precisamente na impossibilidade de chegar a lugar algum. Convite a se perder num jogo de poder, que o encantamento oculta e trai ao mesmo tempo, o impasse histérico, quando surge no decorrer da relação transferencial, na ocasião de uma crise em que o sofrimento corporal é simultaneamente gozo fálico de si e do outro, não atinge em nada o corpo real. Mesmo quando, às vezes, ele assume a forma dramática da anorexia, de uma anorexia rebelde que chega à beira do esgotamento e torna aparentemente irrisório o trabalho analítico, não deixa de ser verdade que a escolha do sintoma, quando bruscamente tudo se precipita no somático, não tem outra finalidade a não ser erguer mais um muro intransponível. Doença para dizer um amor impossível, através de um jogo sutil em que o corpo transforma-se em fantasma e o fantasma em corpo, o impasse histérico é, portanto, um estratagema, destinado a captar, a capturar, a transformar a análise numa partida de *échecs*, no duplo sentido da palavra em francês[1], o que explica por que não se pode sair do impasse histérico; e toda a arte da interpretação consiste em não entrar nele. O impasse histérico revela-se, então, o episódio de um enredo inconsciente que pertence ao passado.

Totalmente diferente é o impasse de que se tratou até agora e no qual o corpo real se engaja. A análise deve ser retomada no intuito de aprofundar aspectos essenciais simplesmente tocados de leve naquilo que precede.

Embora as quatro formas de impasse, que acabam de ser analisadas em sua relação com a somatização, encontrem-se habitualmente em situações em que a doença orgânica já é uma realidade, isso não impede, de maneira nenhuma, que elas apareçam, de forma resumida, no decorrer do trabalho analítico, quando se decide sub-repticiamente o destino de todo o ser. Em momentos decisivos, imprevisíveis, que a interpretação determina, ao tornar inoperante um funcionamento caracterial, que passou a ser a atitude adaptativa prevalente, assiste-se a uma mudança súbita da sintomatologia: de psíquica ela faz-se somática. Tal transformação, porém, não é definitiva, nem irreversível. Subsiste por curtos períodos de instabilidade, de questionamento, durante os quais o somático, repelido, volta novamente ao primeiro plano. Isso nada tem a ver com o retorno do recalcado, aquele que, em todo caso, é visado pela interpretação, quando ela descobre por toda a parte a presença da instância recalcante entre um conteúdo e aquilo que resulta desse mesmo conteúdo. Tudo se passa, em compensação, como se, ao suspender uma ação potencial, ao atingir uma maneira de ser diante do recalcado, ao reduzir uma distância por que se mede o recalque, a interpretação viesse criar um impasse; impasse mínimo, é verdade, no cruzamento das forças antagônicas que, de

---

1 N.T. — ao mesmo tempo partida de xadrez e xeque-mate (fracasso).

Do impasse: outros dados 139

repente, escapam, abalando um equilíbrio dificilmente instaurado, rompendo um funcionamento. É, então, o pânico, proveniente do fracasso momentâneo de toda uma estratégia defensiva, que precipita a somatização. Participante do corpo real — embora esteja em correlação negativa com o imaginário, aquele que é provisoriamente suspenso pela interpretação —, a somatização, aqui, não é uma criação *sui generis*, mas a reprodução de um estado anterior. O sintoma orgânico associado a essa variedade de situação de impasse, embora não tenha em si um sentido simbólico, não deixa por isso de fazer parte de um movimento regressivo, graças ao qual se atualiza uma somatização que pertence ao passado. Assim, o impasse, tanto quanto a passagem do corpo imaginário ao corpo real, inscreve-se numa regressão reversível, num vaivém contínuo do presente ao passado e do passado ao presente e são precisamente a agilidade, a diversidade, a riqueza dessa oscilação que fornecem ao sujeito a possibilidade de repensar de outra forma o impasse e de sair dele. Eis a seguir alguns exemplos.

M. é uma mulher jovem com bom equilíbrio psicossomático. Tem regularmente acesso à atividade do sonho e sua análise foi empreendida apenas por razões profissionais. Desde o início, prevenida de que, na falta de sintoma, o próprio equilíbrio é que corre o risco de modificar-se, M. se empenha no trabalho analítico com aplicação e consciência. Imediatamente, os sonhos tornam-se a constante de uma relação, pontuando-lhe o desenvolvimento fácil e sem atrito. Muito rapidamente, porém, o relato dos sonhos, as associações em torno dos sonhos e as tentativas de interpretação simbólica apresentam uma ordem imutável, desenvolvem-se segundo o mesmo esquema. Sistemático, o discurso concentra-se no sonho, fechando-se num espaço, do qual o analista é excluído. Finalmente, tendo-se esgotado essa maneira de reduzir a análise à dos sonhos, aflora o sentimento de andar em círculos. Como M. se queixa disso sem poder precisar as razões, apresentou-se, então, a oportunidade de mostrar-lhe como, inconscientemente, o interesse pelo sonho servia para desviá-la da relação com o analista, evitar um contato desejado, porém, temido, como o atestam sonhos recorrentes de angústia de estupro. M. aceita a explicação, mas é com o sentimento de "cair em pé", de "reencontrar o próprio corpo", já que uma defesa acabou de ser posta em xeque: os sonhos já deixarão de ser a divisória transparente que protege e isola. O que muda com isso não é apenas uma dinâmica transferencial permeada por um fantasma de estupro, mas toda a relação com o outro e com ela mesma que passa pela relação com o corpo. É isso que atesta a reação imediata de M. à interpretação, deixando pressentir que a perda do imaginário no plano da trasnferência concerne primeiro ao corpo e anuncia a somatização. Ela a anuncia precisamente porque, até então, "a cabeça está separada do resto do corpo".

A somatização não demorou em se manifestar sob a forma de angina "alérgica" ou supostamente tal, mal de que já havia sido acometida na ocasião da morte do pai a quem esteve bastante apegada, embora à distância. Análises de laboratório descartam, todavia, a hipótese de que possa se tratar de alergia, de maneira que o médico assistente não hesita em reconhecer nessa "alergia" uma reação não específica ao luto. Tudo se passa, desde então, como se, pondo fim a uma relação transferencial fundada no relato dos sonhos e que reproduzia outra, antigamente instaurada com o pai, a interpretação tivesse desencadeado um movimento regressivo associado à perda. O que se atualiza agora é uma desorientação global diante da ausência, revelando o corpo nu e vulnerável. O sintoma físico não é criado, mas apenas recriado graças a uma situação que o abrange como um de seus componentes e que, embora superada, não deixa de constituir um último recurso, no último plano do desdobramento de uma vida. Manter distância com relação ao presente, desviar-se dele para melhor enfrentá-lo, recuar provisoriamente a fim de colocar os acontecimentos em perspectiva, essa é, na realidade, a regressão. Afirma-se sua força, até quando aparece um distúrbio orgânico. Desprovida, senão secundariamente, de sentido simbólico, mas não deixando de expressar um desamparo de perda, a somatização neste caso, ao exemplo da conversão histérica, pertence a um processo reversível, sinônimo de oscilação regressiva. A comparação com a histeria refere-se a esse movimento, não a seu conteúdo, o qual procede do corpo real. A utilização de uma situação de luto na qual o corpo real esteve intimamente envolvido confere à somatização sua dimensão histórica, restitui-a enquanto processo de repetição, mas coloca-a numa óptica aberta em que, graças aos remanejamentos transferenciais, outras saídas podem ser pressentidas. O sintoma físico guarda inteiramente o mistério de sua origem. Integra-se, é verdade, num contexto relacional que lhe dá sentido — um sentido retrospectivo que se lhe acrescenta posteriormente —, porém não lhe dá origem. Ao expressar alguma coisa pelos laços que ela mantém com a situação transferencial e ao inserir-se numa regressão precisa, a somatização, nesse duplo aspecto, imita a histeria, sem, por isso, a ela se reduzir. Mas já duas coisas parecem claras: por um lado, a perturbação do corpo real está em correlação negativa com o imaginário, uma vez que ela vem se substituir ao relato dos sonhos e, por outro lado, apesar de continuarem produzindo-se com a mesma freqüência, os sonhos perderam seu papel isolador, que faz parte integrante do caráter. Graças a isso, pelo menos, cria-se uma situação de impasse, em que, paradoxalmente, encontram-se um funcionamento onírico de tipo histérico e uma somatização que nada tem a ver com a histeria.

Essa mesma mistura sintomática em que o orgânico coexiste com o funcional encontra-se também em N., uma jovem paciente com prováveis indícios da doença de Menière, em especial um zumbido persistente no ouvido, Se, no caso dela, a análise desenvolve-se sem dificuldade, graças a uma relação transferencial fortemente erotizada, penalizada em certos momentos por um sentimento de culpabilidade, que se apresenta sob a forma da perda de estima a si própria, cabe, no entanto, observar que um comportamento, com valor de *acting out*, assume aos poucos um destaque particular. Já menos inibida e mais senhora de si, N., que sempre se mostrou conquistadora junto aos homens, aventura-se em várias ligações amorosas. Algo de impulsivo, de urgente, surge prementemente e a impele a agir. Elaboram-se então, a salvo da realidade, por meio de uma consciência alterada e num tempo de ruptura com o presente, as seqüências repetitivas de um mesmo e único roteiro. Reconhecido antes de ser conhecido, despojado de suas qualidades intrínsecas, o parceiro improvisado, que com isso se torna intercambiável, surge qual uma imagem recalcada do pai e do analista, que volta à tona. Duas angústias distintas percebem-se então, a que se deve atribuir essa enganosa facilidade de criar laços: a angústia de ser violentada, tanto pelo pai quanto pela mãe fálica, e a angústia de se tornar, ela mesma, mãe segundo o desejo de seu marido. Então, sub-repticiamente, na ocasião do coito, opera-se uma evolução rápida que desperta fantasmas de eventração, de arrebentamento, de destruição do interior do corpo. A escapatória, quando a angústia conjugada intensifica-se além da medida, consiste então em sair dos limites da análise, em criar uma margem paralela por que se desdobra, dissociada, uma ação que tem valor de fantasma. Uma parte da análise, correspondente ao não-dito que, pelo agir, consegue contornar o recalque, é transportada para fora dela.

Uma grande atividade fantasmática, beirando por vezes a hipomania, acompanha essas extravagâncias e permite uma restauração narcísica, tão desejada, de si própria. Sentir-se amada, desejada por vários homens, com os quais, no entanto, mantém-se a mesma distância, proporciona a N., habitualmente com saúde frágil, um bem-estar físico e moral, ameaçado, porém, por qualquer passo errado. Acabaram-se as pequenas dores, os achaques freqüentes que, ao mesmo tempo do que a fragilidade do corpo, revelam o intuito secreto de, através de si própria, ferir a mãe, a qual, justamente, nunca está doente e suporta dificilmente que alguém o esteja. Graças a essas "escapulidas", é como se, súbita e magicamente, não houvesse mais situação de rivalidade e que, de pisoteada, a filha tivesse se tornado a mãe todo-poderosa. Tal transformação, no entanto, permanece clivada, fora da análise, apesar de a elaboração interpretativa insistir em estabelecer laços. A prevalência do imaginário, na forma de fantasmas eróticos que se atualizam em vez de ser verbalizados, tomando pretexto da impossibilidade de qualquer laço amoroso com o analista, tem como resultado o de fazer recuar o corpo real, criando, porém, na análise, uma dificuldade tão grande que não poderia ser indefinidamente eludida.

Mas um risco perfila-se no horizonte, pois toda modificação do funcionamento imaginário, que a análise tenha condição de promover, pode provocar uma somatização.

Na falta de perceber outras possibilidades momentaneamente ocultadas, N. deve defrontar-se com um dilema. Tudo se passa, de fato, como se ela devesse escolher entre um imaginário sem análise e uma análise sem imaginário e, conjuntamente, de forma absoluta e sem nuança, entre corpo imaginário e corpo real.

Num momento julgado propício, a interpretação faz coincidirem as duas metades de uma situação cujo cindimento foi consumado pelo *acting-out* e eu ressalto a necessidade de suspender, por um tempo, até que as coisas se esclareçam, qualquer atualização da atividade fantasmática. N. aceita, mas é com o sentimento de obtemperar a uma injunção, de chocar-se com uma interdição da qual, daí em diante, depende o destino da análise.

Destinada a trazer de volta para o campo analítico fantasmas que constituem uma reduplicação deste no plano da realidade, a suspensão do *acting-out* provoca uma desorientação, seguida de uma depressão, durante a qual N. está às voltas com uma série recorrente de doenças, infecciosas e articulares, que nenhuma mediação consegue aliviar. Era preciso esperar que o trabalho de ligação, pacientemente conduzido pela análise, criasse laços, reatasse fios, antes de ver integrar-se na relação transferencial o imaginário dissociado. Opera-se, então, correlativamente a uma situação que reencontra sua unidade, a unificação das duas partes clivadas do *self*. Conseqüentemente, o corpo unifica-se, reencontrando um funcionamento psicossomático que fortalece e imuniza. O imaginário prevalece novamente e a saúde volta aos poucos. Afinal, o que se modifica são os próprios dados que geraram o impasse e cujo enunciado, esquemático, franco, abrupto, testemunha o trabalho da censura. Assim, fora da psicose e da somatização, ambas nascidas no impasse, delineia-se a possibilidade de sair deste, remanejando os termos que o constituem. Isso exige um trabalho analítico que não se poderia efetuar sem um nítido movimento regressivo que ligasse o presente ao passado, o consciente ao inconsciente, o real ao imaginário.

Quando se trata de uma personalidade alérgica, como no caso de Zeinab[2], em que a urticária continua sendo uma potencialidade extrema, alternando com estados de desrealização próximos do sonho, nos quais se obliteram os limites do *self* e do mundo, o impasse surge no curso da análise, por causa do fracasso do funcionamento caracterial. De fato, é este que, de pronto, desdobra-se em diversos planos, com uma constância e riqueza notáveis, repelindo para o último plano a alergia e o lugar ocupado por ela na economia psicossomática global. Pois esta é a singularidade desse funcionamento: enquanto, em Zeinab, a urticária se manifesta apenas esporadicamente, em situações de desamparo, quando qualquer outra possibilidade parece ter sido esgotada, é, todavia, a alergia, enquanto sistema relacional particular, que prevalece. Sistema dual em que o diferente dissolve-se no idêntico, em que o outro é si e si o outro, graças a um movimento que assimila, realça, reduz. Mas a formação caracterial o camufla perfeitamente, adaptando a si e a outrem essa relação exclusiva, na qual o terceiro termo falta e que funda a reduplicação do mesmo. À estreiteza de uma escolha que se decide — com relação ao objeto, que é o sujeito —, segundo uma regra ditada pela simples alternativa, vem substituir-se a amplitude das possibilidades, recorrendo-se ao potencial sublimatório considerável do sujeito. Assim se pode conceber que, em Zeinab, a posição alérgica seja superada no decorrer da evolução caracterial subseqüente, o que não impede que, mesmo tendo ficado para trás, ela possa atualizar-se novamente. Caso isso aconteça, percebe-se que o sistema relacional alérgico, esbarrando mais uma vez na irredutível diferença, volta ao momento em que, antigamente, colocava-se, a respeito do rosto do estranho, a questão da diferença. Contornada, a dificuldade surge novamente, na ocasião de uma regressão, quando, apesar de todas as acomodações possíveis, o outro, em sua estranheza, faz irrupção. Se

---

2 Sami-Ali, *Le visuel et le tactile. Essai sur l'allergie et la psychose*, p.89 sq., Dunod, Paris, 1984.

Do impasse: outros dados 145

nesse caso existe uma situação de impasse, ela se deve ao trabalho interpretativo, que não tem como proseguir sem levar em conta a posição alérgica.

Essa, no caso de Zeinab, manifesta-se por uma extraordinária produção onírica que, ao restituir à análise suas dimensões originais, permite ir tão longe quanto possível na exploração de si. Existe, porém, uma relação específica, até então ocultada por um funcionamento que tem tudo da psiconeurose, entre a atividade do sonho e a alergia. É que, pelo próprio excesso, ao invadir paulatinamente o espaço analítico a ponto de, com o tempo, a relação transferencial desrealizar-se e perder a consistência, o sonho já representa a outra face da alergia, a face voltada para a psicose, na forma de estado confusional em que se dissolve a realidade do *self* e das coisas.

Para essa efervescência onírica existe também um motivo particular: ela reitera, no plano transferencial, uma relação — "à distância" — vivida antigamente com um pai doente e afastado. O imaginário restitui assim, na orla do irreal, uma figura paterna que existe sem existir, mas que, mantida à distância, não corre o risco de explodir a relação exclusiva com a mãe.

Se a atividade — desenfreada, entregue a si mesma — do sonho acaba prejudicando a análise depois de facilitá-la, cumpre, no entanto, não perder de vista que ela é um componente caracterial e não um simples mecanismo de defesa. Trata-se aqui de uma nuança que ganhará destaque quando a interpretação vier ressaltar que, em Zeinab, o relato dos sonhos está destinado a isolá-la, juntamente com o analista, portanto a neutralizar qualquer elaboração interpretativa. Zeinab reage diante disso suspendendo a atividade do sonho, como se doravante o recalque devesse prevalecer. De fato, durante os dias que se seguem, sobre um fundo vazio de qualquer vestígio do imaginário, a urticária surge na análise pela primeira vez. Trata-se de uma somatização em correlação negativa com o imaginário, que marca a passagem da posição potencialmente psicótica à alergia como sintoma e ocorre numa situação de impasse, que a análise provoca e tem de provocar, se é que ela procura remanejar um conjunto de dados, cujo resultado final é o impasse[3]. Por isso, uma vez integrada no vaivém da relação transferencial, a alergia adquire o sentido de uma síndrome psicossomática, abrindo-se para uma histeria que se confunde com o corpo, no ponto em que vêm cruzar-se todas as relações com si mesmo, com os outros, com o mundo. A sintomatologia não passa, como acontece na histeria, do psíquico ao somático. Antes é o somático que, assim se encontra revestido de um valor psíquico.

Em contrapartida, no caso de Tarek[4], em que se trata de uma neurose histérico-fóbica exemplar, a asma, desaparecida há muito tempo, reaparece subitamente de modo fugaz, no decorrer de uma sessão de análise, em reação a uma interpretação, em conseqüência de um movimento regressivo e independentemente de qualquer situação de impasse. Asma infantil esta, que se manifestou em Tarek no momento em que ingressou na escola, com seis anos de idade, e da qual ficou curado espontaneamente na adolescência. Comprova-se assim que a alergia, ao invés de ser o eixo único de uma evolução linear, constitui uma das potencialidades da organização edipiana. Essa é a organização que predomina ao longo todo de uma análise pontuada pela rivalidade com o pai, a que corresponde — e é o principal motivo da terapia — uma forte angústia de castração referente à mãe à qual toda mulher é assimilada. É

---

3   A eliminação do imaginário pode igualmente efetuar-se por outros meios que não a interpretação. Assim uma garotinha com sete anos, inteligente e imaginativa, cuja exigência em relação a si mesma reflete a de seu meio, apresenta uma ligeira tendência à gagueira. Uma primeira sessão de ortofonia que ataca um sintoma em que se expressa o desejo de quebrar as imposições adaptativas é seguido imediatamente de uma série de doenças infecciosas e alérgicas, associadas a impressionante desregramento térmico. Ocorre, em conseqüência um abalo de todo o equilíbrio homeostático provocado por um último esforço para conformar-se, em detrimento de um sintoma, cujo papel no processo psicossomático não se consegue determinar. Ora, revela-se que essa menina ainda não adquiriu uma lateralidade estável, o que se traduz pela ausência de referências espaçotemporais. Tal *background* é que determina a gagueira como um sintoma que envolve a problemática do espaço e do tempo em relação a outro enquanto superego corporal, e por meio da projeção do corpo concebido em termos de esquema de representação.
   Toda aprendizagem ortopédica empreendida nessas condições não pode agir então ao modo de um "truque" que, ao bloquear a única saída possível, cria uma situação de impasse. Mais uma vez, a somatização está em correlação negativa com o imaginário.

4   Sami-Ali. *Le haschisch en Egypte*, p.171 *sq.*, Payot, Paris, 1971.

Do impasse: outros dados 147

notável, a esse respeito, a posição homossexual passiva que, no plano dos fantasmas, no interior da relação transferencial, destina-se a neutralizar a angústia, por uma identificação com o objeto da angústia, ou seja, a negar que se possa desejar a mãe tornando-se a mãe, que apenas o pai pode desejar. Muitas vezes interpretado na sua finalidade defensiva, é, no entanto, esse movimento, à medida que a análise caminha para o fim, que se amplia cada vez mais. Se é verdade que temos aqui uma passagem contínua, simples e espantosamente rápida, da atividade à passividade, do desejo à negação, do enfrentamento com o pai à submissão ao pai, em compensação, uma oscilação desse tipo leva o corpo até às raízes identificatórias e provoca somatizações. Fluidas, puntuais, transitórias, permeadas por identificações reconhecíveis, todas as somatizações são, ao que parece, como que o meio de punir-se por culpabilidade, tomando o lugar do pai destruído, e o campo delas, por amplo que seja, não ultrapassa muito o da angústia corporal. Essa última está tão estreitamente ligada ao retorno do recalcado do qual ela é, de resto, a metamorfose, que toda a formação sintomática opera-se segundo o modelo da histeria, mesmo quando o sintoma antes parece participar do corpo real.

É justamente o caso da asma que, no momento certo, aflora da evolução transferencial, em resposta à mesma necessidade de enfrentar, regressivamente a angústia da castração. Em determinados momentos, essa cede o lugar a um sentimento de irrealidade que se alastra e cujo valor defensivo é patente, mas que nem por isso deixa de pertencer ao registro histérico. Sobre esse fundo de angústia é que se destaca um discurso sem brilho que Tarek esforça-se por desabitar o quanto possível. Aproveitando uma série de associações em que se trata a um só tempo de agressividade e de cena primitiva, pergunto a Tarek se a revolta que ele expressa pela primeira vez contra aqueles que representam a autoridade dirige-se igualmente ao analista. Ele concorda, mas logo fica ofegante. Crise de asma em modo menor que lembra o incômodo respiratório de antigamente, mas sem nada de simulacro ou fingimento. Antes marca, no corpo real, uma regressão em que, novamente, predomina a olfação, para significar ser a mãe no lugar de tê-la, possuí-la passivamente, tomando-lhe o lugar. Ora, a mãe é asmática.

Se é verdade que aqui há identificação, por que se inverte a dinâmica inconsciente do desejo, ela, porém, só explica o reaparecimento da asma numa nova situação, mas não seu primeiro aparecimento, pois ninguém se torna asmático por mimetismo, uma vez que, como qualquer alergia, a asma é, antes de tudo, um distúrbio imunológico. No caso de Tarek, a ilusão é perfeita. Provém ela da coincidência do mecanismo de reprodução histérica e do processo imunitário que o acompanha, sem a ele se reduzir. Por isso, o destino de um não é o do outro, mesmo quando às vezes as duas reações se confundem, o que acarreta uma complexidade particular de funcionamento, que não deixa de ter alguma relação com a problemática do impasse.

O fato de a histeria coexistir, em Tarek, com a asma é, em si, o sinal de que o impasse alérgico já foi evitado e que, por sua vez, a alergia, ao invés de restringir, estende as possibilidades adaptativas do sujeito. Essas possibilidades desdobram-se em torno de um conflito neurótico, no modo oscilatório de um vaivém, excluindo que o movimento se torne irreversível e a situação imobilize-se no irreparável. Nenhum enclausuramento, portanto, nenhuma alternativa absoluta, visto que, recalcado, o imaginário não cessa de voltar através de um fervilhar de sintomas que, tanto pela forma quanto pelo conteúdo, pertencem à histeria, a qual é a um só tempo *formal* e *material*. Nesse caso, a asma é reproduzida segundo o mesmo esquema que faz convergirem regressão e identificação, deixando, no entanto, entrever, graças aos remanejamentos transferenciais, vias novas a serem exploradas. A análise permite que se repita de maneira resumida — o tempo de uma sessão — todo um período de lenta maturação inaugurado e terminado pela asma. O problema e a respectiva solução inserem-se assim numa história inscrita no corpo e que recomeça, sem se fechar em si mesma, no plano transferencial. Essa flexibilidade de funcionamento, essa dupla abertura para o futuro e para o passado, essa possibilidade deixada ao imaginário de circular livremente entre posições extremas é que falta quando o recalque do imaginário consegue se impor. Tal recalque leva a um impasse inseparável da formação caracterial, a qual implica uma separação que torna difí-

Do impasse: outros dados 149

cil a volta a um passado que se confunde com o infantil. Nesse sentido, regressão e somatização opõem-se radicalmente.

Em certos casos de patologia da adaptação, é a organização temporal, identificada com o ritmo de uma vida, que confere ao impasse uma figura particular, situada entre o transitório e o duradouro.

Sofrendo de taquicardia e angústia difusa ligada aos deslocamentos no espaço e ao espaço que se estreita ou se amplia até o infinito, O. encontra-se inteiramente absorvida pelas tarefas de mãe e esposa. O tempo falta-lhe para cuidar de si mesma, entregar-se a alguma atividade que lhe agrade. Está-se longe, todavia, de um arranjo racional que reduziria a temporalidade a pontos de referência reconhecíveis alinhados sem se sobrepor um ao outro. É que, neste caso, o tempo vem sofrendo abalos internos, se desestabiliza, fragmenta, desdobra-se em ondas. Tarde demais ou cedo demais, os acontecimentos se chocam, empurram, acomodam no afobamento: respiração ofegante que chega ao clímax. Antes são curvas do que linhas, provisoriamente projetadas, constantemente retomadas num esforço de dar forma ao informe. Elas culminam numa representação sobrecarregada do tempo, cujo próprio excesso deixa entrever um vazio, vazio relativo, é verdade, que corresponde ao intervalo entre uma temporalidade identificável com o ritmo do corpo, próxima de uma angústia que se irradia em profundidade, segundo a alternância de carga e descarga, e uma temporalidade social, impessoal, à qual o sujeito deve se dobrar, como a uma instância que permite ao sujeito emergir do indefinido e situar-se no espaço e no tempo. Por isso, as imposições do superego temporal são limites destinados a conter e, ao mesmo tempo, a fazer existir. O absolutamente objetivo junta-se com o absolutamente subjetivo, numa organização temporal, que depende menos de uma auto-regulação própria do aparelho psíquico já constituído do que de uma relação primitiva com uma figura materna, quando o aparelho psíquico está em vias de constituição[5]. O que ocorre,

---

5 Sami-Ali. *Corps réel — corps imaginaire*, p.39 sq.

então, no intervalo entre duas temporalidades heterogêneas, rebeldes à fusão, é um processo de sobreposição do tempo objetivo ao tempo subjetivo no decorrer do qual a subjetividade é submetida ao recalque. A utilização de "truques", a imposição de "quadros de referência" já prontos provocam uma temporalidade funcional em estado de ruptura com suas raízes no corpo, o que torna possível uma adaptação, mediante, porém, um agravamento da ruptura. Desapossa-se de si, mas é para exercer melhor um domínio, por que se reconhece uma alienação, a qual escapa à consciência, na medida em que a pessoa se identifica com um funcionamento que passou a ser a forma caracterial do comportamento adaptativo.

A angústia em O. indica, a uma só vez, o retorno do recalcado, enquanto afeto, e o tempo, enquanto ritmo do corpo. A angústia aqui é sinônimo de uma falha no recalque neurótico, a qual, no entanto, pode desaparecer caso o recalque, confundindo-se com o funcionamento caracterial, reforce aos poucos seu domínio até o desaparecimento consentido de toda e qualquer expressão pessoal.

Por meio da angústia, surge uma culpabilidade ligada a uma situação real de bloqueio, na qual a mãe é a rival e aquela doente que se deve proteger. Pois a crítica que O. dirige a si mesma e que, na realidade, visa à própria mãe é que não se julga uma "mãe" suficientemente "boa". A ausência do tempo, que se faz subitamente assediador, ao modo de um espaço que oprime, significa assim um prazer a que não se tem direito e deve ser dissimulado ao olhar reprovador da mãe. Um sonho repetitivo no qual a angústia simboliza a irrupção do recalcado o indica claramente. O. está dentro de um elevador que vai subindo, subindo, até atravessar o telhado. Ele acorda ofegante, com o coração disparado. O fato de um secreto desejo sexual emergir neste sonho, que se tornou perigoso porque liberado das coações, pouco se preocupando com aquilo que limita e comprime, remete, para sua compreensão, ao modo pelo qual a atividade onírica funciona na circunstância. Algo singular, de fato, chama a atenção. Embora O. sonhe com freqüência, seus sonhos ficam separados da vida real, na qual se procuraria em vão, sufocados como são pelo emaranhado das tarefas diárias, esses equivalentes do sonho por excelência que são os fantasmas,

Do impasse: outros dados

e menos ainda a aplicação desses em atividades sublimatórias. Tudo se passa, portanto, como se a atividade do sonho servisse para manter um recalque, para impedir que o imaginário volte com toda a força na consciência vigil, devendo o sonho ser apenas sonho e o real, real. Trata-se de uma sutileza de funcionamento, em que já se esboça, se bem que inabilmente, um recalque caracterial concernente ao funcionamento onírico no seu conjunto e que altera profundamente a relação com o tempo, a fim de que não haja lugar nele para qualquer prazer mediatizado pelo imaginário.

O caso de P. vai mais longe ainda, numa patologia caída na armadilha da temporalidade. Neste homem muito atarefado, atarefado em demasia, sentindo-se, por falta de tempo, num "beco sem saída", devorado pelo trabalho e a família, vem à luz através de nevralgias faciais uma esclerose múltipla que ameaça atualmente uma perna. Dois acontecimentos tiveram nisso um papel desencadeante: uma grave decepção profissional e a morte do pai. A partir daí, pouco a pouco, sua liberdade reduz-se, o tempo encolhe-se e o prazer, pela mesma razão do que o imaginário, torna-se improvável. O gerenciamento temporal adotado por P. ocupa-lhe toda a vida e o exclui de si mesmo. "Levado" numa "engrenagem" cujo controle escapa-lhe, descreve-se como uma máquina que anda sozinha e que ele, por não ter encontrado o botão apropriado, não consegue parar. P. não faz mais nada para si mesmo, nem ler os livros de que gosta, nem praticar a corrida olímpica, nem dedicar-se à fotografia. Os sonhos são raros e têm conteúdo profissional, como se a função onírica não fosse senão uma pecinha de um imenso mecanismo. O., no entanto, não se ilude, pois confessa que necessita pensar que os outros precisam dele, o que já revela o fundo narcísico desta perda de si numa temporalidade totalmente isolada de si, em dissonância com o corpo enquanto ritmo. Essa é exatamente a temporalidade do superego corporal, na qual se objetivam a um só tempo o corpo e a negação do corpo, uma subjetividade que se tornou totalmente exterior com relação a si mesma, a alienação consentida de si. No recalque impecável do imaginário que, no entanto, dá ao sujeito o sentimento de ser, e ao qual P. consente, tendo por isso de passar por uma revolução total de toda a economia psicossomática, o corpo confunde-se com a camisa-de-força temporal, na qual está aprisionado e que é uma representação do tempo feita exclusivamente de exigências. Há, então, uma perfeita coincidência, dentro de uma dupla despersonalização de si e dos outros, entre o ser e o "ser preciso", entre o sujeito e a instância interiorizada que o suprime. Daí uma ausência de conflito, não porque as vozes harmonizam-se, mas porque calam-se.

É o sinal de uma depressão caracterial decorrente *a priori* do fato que o sujeito sem conflito se confunde com o superego corporal. Quietude sem tensão, superfície sem profundidade, subjetividade sem sujeito, umas tantas maneiras de dizer que existe apenas um imenso recalque e que o próprio sujeito transformou-se nesse recalque. No caso, a somatização parece estar em correlação negativa com o imaginário, já que o sujeito atola-se numa situação de impasse em que a temporalidade, reduzida a um quadro de referências exterior, imobiliza-se por "uma fuga para frente". É uma temporalidade linear que não deixa subsistir nenhuma surpresa, nenhuma vacância, nenhuma trégua, opondo-se, portanto, ao tempo imaginário em que todas as transposições são possíveis porque todas permitidas. Nela prevalece a forma cíclica, na qual se projeta o movimento de uma respiração que não é estéril repetição, mas o próprio ritmo do inconsciente.

Se, até então, em O., a defasagem entre o tempo subjetivo e o tempo objetivo ainda é perceptível, ao passo que tende a desaparecer, em P., ela pode também cessar de existir, para si e para os outros, em certas organizações extremas. O caso de R. é significativo a esse respeito. Ela está com cerca de sessenta anos de idade. Sofrendo de um câncer do cólon que se estende até o ovário, foi submetida a uma dupla cirurgia. É uma mulher que, diz ela, "nunca se deprime", comparando-se com as duas filhas, vítimas de um episódio depressivo puntual. No entanto, ela também é depressiva, mas de outra maneira. Há toda a diferença entre uma depressão reacional, circunscrita no tempo e no espaço, que se segue a uma perda, e aquela, insidiosa, que se confunde com o funcionamento caracterial. Perceptível no primeiro caso porque surge como um acontecimento contrastado, ela é inapreensível, no outro caso, por

Do impasse: outros dados 153

não se destacar sobre nada a não ser sobre si mesma. Depressão *a priori*, portanto, que não preenche a condição elementar de qualquer percepção, uma vez que, excepcionalmente, figura e fundo são indiscerníveis. É a mesma coisa que querer distinguir uma cor dela mesma. Só existem nuanças, transições, mas não oposições, estados que evoluem na mesma tonalidade neutra e sem brilho. Na falta de distância para com ela mesma, a depressão não pode dizer seu nome, ela é atmosfera que envolve mais do que ocorrência singular. O sujeito é apenas uma depressão que determina a relação consigo mesmo e com o mundo, segundo uma modalidade inalterável, em que o sujeito identifica-se com aquilo que o nega.

R. não faz nada para si mesma, não entende que se possa fazer algo para si e tudo faz por dever. Se ela se trata, consulta no intuito de saber se "o somático (*lapso*) teve influência no câncer", é unicamente para agradar à família e porque nada do que é preciso fazer resta por fazer. É um procedimento sistemático mais do que uma impulsão pessoal, como se tudo devesse ser preenchido segundo a mesma composição fundada na simetria e nenhum vazio devesse subsistir, não importando o próprio esgotamento. É a mesma atitude com relação ao tempo, o qual se organiza mecanicamente por necessidade de preenchimento. Pois, se, por um lado, R. não está obcecada pelo tempo, encarando com serenidade a eventualidade de morrer, por outro lado, ela se empenha em "ocupar utilmente o tempo": deve sempre fazer alguma coisa. O que predomina neste agir visado em si e fechado sobre si mesmo é um funcionamento racional, adaptado, "o pensamento", do qual está excluída qualquer atividade de sonho. O tempo é a imagem de um universo de regras, regras "opressivas" de sua infância, mas a que agora ela adere com todo o ser. A exigência é realidade e a realidade exigência, enquanto tudo se torna conforme. Ora, existe em R. como que uma passagem ao limite, o tempo preenche-se por si mesmo, já que, de longa data, ela tem o costume de anotar, dia após dia, tudo quanto faz, tudo quanto acontece ao seu redor. No entanto, não há nada de verdadeiramente obsessional neste modo de recapitular, recensear, alinhar fatos. Antes trata-se da intenção de reduzir o tempo a uma cronologia objetiva, impessoal, cuja realidade possa ser contabilizada, e da qual se presta contas a uma instância anônima. Essa última gerencia o tempo, administra o espaço e fornece ao sujeito, ao delimitar-lhe o corpo, referências que lhe faltam. Pois essa rígida tentativa de fazer o tempo durar, de sobreviver ao escoar dos dias, é o sinal de um mal-estar geral para situar-se no espaço e no tempo. Ao mal-estar corresponde em R. a necessidade de uma autoridade que fixe as regras de funcionamento. Tais regras têm de ser obedecidas ao pé da letra, sem fazer intervir a subjetividade, e agem como próteses que facilitam a adaptação, quaisquer que sejam os obstáculos. As lacunas iniciais persistem, porém, camufladas, e o vazio se fantasia de cheio. Tudo se passa então como se o fora tivesse absorvido o dentro, a superfície fosse a profundidade e a máscara, o rosto. As regras perdem o poder constrangedor quando o sujeito confunde-se com o superego corporal.

Nessas condições deve-se esperar que os sonhos faltem. Mas não faltam, pelo contrário, R. sonha muito, porém a atividade onírica apresenta no caso duas particularidades. Permanece inassimilada, inassimilável, totalmente separada da consciência vigil e parece até estar presa num impasse do qual não consegue se livrar. Pois, em R., os sonhos representam situações bloqueadas, becos-sem-saída definitivos, obrigações não cumpridas. São imagens de uma impossibilidade de ser em que, no entanto, reflete-se não a realidade no seu desenrolar banal, mas o domínio de um superego que proíbe que o sonho seja outra coisa que a própria realidade.

O sonho, então, é a negação do sonho e a atividade onírica, o equivalente de seu recalque. O que se manifesta desta forma nada menos é do que toda a função do sonho desencaminhada pelo superego. Doravante é permitido sonhar e lembrar-se dos sonhos, mas com a condição de que o sonho amplie a realidade enquanto exigência. O sonho desaparece, não por recalque, mas porque deixa de ser uma ruptura, uma surpresa, o alhures por excelência. Ele é ausência na presença, presença na ausência, repercutindo até o fundo do ser uma vigilância sem falha.

Do impasse: outros dados 155

Paradoxalmente, portanto, a atividade do sonho não significa que se sonha, pois tudo, finalmente, depende daquilo que resulta do sonho submetido a um recalque, o qual, alternativamente, oculta-o ou o deixa se desenvolver, neutralizando-o. Tal neutralização, como já vimos, assume duas formas: ou o sonho conforma-se às injunções do superego, reproduzindo um real modelado pelo mesmo superego, ou então o sonho acha-se isolado, posto entre parênteses por uma consciência vigil, totalmente infensa ao imaginário. Este existe, como a memória o atesta, mas sem ecos, sem retomada, sem continuidade. O roteiro onírico pode, então, desdobrar-se livremente, acompanhar na sua elaboração o esquema freudiano de realização do desejo, conquanto, todavia, o desejo permaneça o desejo e o real o real. Assim o acesso ao sonho não significa que a consciência vigil esteja permeável ao sonho. Mais uma vez tudo depende da distância mantida com relação ao imaginário. Quando essa distância atinge o clímax, o desinteresse com relação ao sonho é tão grande que tanto faz que se sonhe ou não, pois o sonho, então, deixou de dizer respeito ao sonhador. Já não lhe diz respeito, mas não é, por exemplo, como no caso de Schreber em que o sonho torna-se uma mensagem enigmática das forças projetadas que se enfurecem lá fora; é porque, lá fora, nenhum dentro responde.

Essas múltiplas atitudes concernentes ao sonho pertencem todas elas ao recalque caracterial. É possível encontrar no funcionamento neurótico equivalentes dessas atitudes que as prefiguram. Em certos momentos privilegiados, de fato, o processo onírico, girando em falso, pode subitamente tomar-se por objeto, de forma que o sonho põe em cena a própria impossibilidade de sonhar. Jogos de espelhos paralelos em que se concretiza uma elaboração que se tornou problemática, mesmo criando espaços que se incluem mutuamente: sair do sonho é sonhar em sair dele, entrar no sonho é entrar nele em sonho.

Uma jovem paciente que sofre de distúrbios relativos à situação no espaço, aos quais se associam dificuldades de convergência visual, sonha várias vezes, no decorrer do mesmo sonho, que luta contra o adormecimento para não ter o mesmo pesadelo, mas que ela acaba adormecendo e dá-se o mesmo pesadelo, o qual a representa tal como está no momento do sonho, deitada na cama, no mesmo lugar do quarto. Sensações aterrorizantes invadem-na progressivamente, ao contato dos membros gelados de um cadáver e ela acha que vai enlouquecer, porque o pesadelo ocorre no próprio lugar onde se encontra realmente.

Por seu excessivo emaranhado, suas extensões ilimitadas, seus singulares encaixes, ao modo de parênteses no meio de outros tantos colchetes, o real faz parte do sonho, o qual por sua vez, faz parte do real. Mas o processo onírico vai mais longe ainda, já que faz do sonho incluído no real e do real contido no sonho o elemento de uma realidade inserida num sonho e o componente de um sonho que a realidade encerra ... Infinito do espaço imaginário, quando se pensa como espaço imaginário, desrealizando ao mesmo tempo o sonho e a realidade, e retardando, tanto quanto pode, pela magia das reduplicações, aquilo contra o que se defende o sonhador.

Que o sono torne-se realmente rebelde ou que, efetivamente, a realidade suplante o sonho, já estamos no limiar de uma patologia fundada no recalque duradouro do imaginário. O sonho representa ambas as eventualidades e, ao representá-las, a elas escapa.

Conclusão

Compreender a somatização exige que se levem simultaneamente em conta, por um lado, a relação positiva ou negativa com o imaginário e, por outro lado, a estrutura lógica do conflito que implica, ou não, na contradição. Se a relação positiva ou negativa com o imaginário designa a diferença entre o recalque fracassado e o recalque bem-sucedido desta mesma função, torna-se possível combinar de várias formas as duas ordens de fatores. Uma dedução *a priori*, ou quase, pode, então, efetuar-se. Se a relação com o imaginário se mantém graças ao fracasso do recalque, a somatização, neste caso, só pode ser a do corpo imaginário, e ela se manifesta sob dois aspectos essenciais, conforme o conflito inclui ou exclui a contradição. Se o inclui, então é o impasse característico da psicose, definindo-se esta como a possibilidade de superar o impasse por meio da alteração da própria estrutura do pensamento, o qual passa a ser pensamento do imaginário. Isso vale tanto no caso da paranóia, quanto no do autismo. Uma vez constituída, a psicose modifica a tal ponto a economia psicossomática que as perturbações do corpo real são absorvidas pelo corpo imaginário. A psicose, portanto, acha-se em correlação negativa com a somatização verdadeiramente orgânica, quer pertença ao literal, quer ao neutro. Se, em contrapartida, o conflito exclui a contradição, é a histeria de conversão que aparece por meio de somatizações ligadas ao figurado. Nesse sentido, a histeria está em correlação positiva com a somatização do corpo imaginário, o que, de resto, não afasta muito a possibilidade, evocada anteriormente, de uma sintomatologia histérica mista, em que se alternam perturbações orgânicas e manifestações psicóticas. O fato de o plano psicótico poder eventualmente fazer parte da histeria, caso ela seja considerada sob o ângulo da variabilidade sintomática, já sugere que o impasse não está totalmente ausente nessa organização. Voltarei a esse ponto.

Examinaremos agora a relação negativa com o imaginário operada pelo recalque bem-sucedido. No caso, o conflito anuncia-se, de pronto, em termos extremos que excluem qualquer mediação. Por isso é que a alternativa simples, própria do conflito neurótico, converte-se imediatamente numa alternativa absoluta na qual fecha-se como num beco sem saída. A inacessibilidade ao imaginário predispõe então a uma somatização do corpo real, a qual enveréda pelo caminho do literal e do neutro, divergindo nesse ponto da psicose, com a qual, porém, divide o ponto de partida, ou seja, a contradição e a situação de impasse. A patologia da adaptação apresenta-se assim como o negativo da psicose, e não é indiferente verificar que quando, nos momentos de crise, a atividade imaginária irrompe novamente, sob a forma de pesadelos repetitivos, até mesmo de episódios alucinatórios ou delirantes, ela permanece clivada dentro de um conjunto funcional que, por outro lado, ela ameaça de clivagem.

Assim aparece todo um complexo combinatório em que o imaginário e o não-imaginário, o contraditório e o não-contraditório entram em novas associações, que a um tempo relativizam-lhe a oposição e revelam-lhe a pertinência no tocante à somatização. Todavia, por mais que se multipliquem, as nuanças deixam assim mesmo subsistir duas formas maiores de uma patologia que, levando-se em conta a função do imaginário, são determinadas pelo fracasso — ou o sucesso — de um recalque, inseparável da formação caracterial.

Ora, a experiência clínica mostra que existe, já marcada pela variabilidade sintomática, uma terceira forma maior de patologia na qual o recalque fracassado alterna com o recalque bem-sucedido. Mais do que amálgama em que os fatores somam-se, trata-se de

Conclusão

realidade original, irredutível, que cumpre descrever nas suas grandes linhas.

Primeiro, uma observação. Alguns anos após terminar sua análise, S. em pânico solicita-me um encontro. Ela sofre de um lumbago, sente-se deprimida, abandonada pelos dois grupos de amigos a quem ajudou a se conhecerem, mas sobretudo ela tem de enfrentar o diagnóstico biológico estabelecido de "predisposição ao câncer". Uma coisa chama logo a atenção: o funcionamento habitual de antigamente está mudando. Levando uma existência solitária, uma solidão compartilhada com a filha, em conseqüência da morte do marido, tendo, nesse intervalo de tempo, renunciado à música e à dança, que praticava, e não podendo mais, "depois de certa idade, projetar-se no futuro", é todo o espaço vital que vai se esvaziando cada vez mais. Reduzido ao presente, arrancado à dupla projeção constitutiva do futuro e do passado, o tempo em S. é apenas uma cronologia, a ladainha de um cotidiano que se repete, se esgota, não consegue transcender-se. Mais grave ainda: desde há muito tempo, um esquecimento nivelador tem-se estendido ao conjunto da vida onírica; a vacuidade sitia uma existência, sempre reduzida a si própria e às voltas com o insuperável, e que acabou assumindo a forma do impasse.

Depois de alguns meses, reencontrando o principal tema de antigamente, a análise ressalta um sentimento de culpabilidade que, apesar de tudo invadir, não deixa de permanecer perfeitamente inconsciente. O que aí parece inaceitável, para além dos motivos particulares de culpabilidade, é globalmente o simples fato de existir. Aos traços desenhados em negativo, às lacunas de funcionamento, à ausência que se torna presente por toda a parte, corresponde uma força de repressão terrível que cria o vazio, opera em ambiente desprovido de "gravidade". É assim que o menos é sinal de mais, porém, de um mais que não se distingue do menos, que absorve o menos, que é o menos. Se tal é a depressão, ela remete a uma situação interna *sui generis*, cuja dinâmica deve ser descrita com exatidão. Apresentando características semelhantes às da depressão melancólica, ela não deriva, porém, de uma identificação com o objeto perdido[1], ela não é a sombra que alguém acaba se tornando de tanto carregar em si a do objeto. Pois essa descrição, em que, por outro lado, ressaltam-se as investidas contínuas do superego contra o Eu que se substitui ao objeto, deixa persistir uma distância entre a instância que condena e aquele que é condenado. Em contrapartida, o que está em causa nesta variedade particular de depressão, de que S. sofre, a depressão *a priori*, é que já não existe qualquer distanciamento entre o Eu e o superego: o Eu é o superego e é deste que ele tira o sentimento de ser. Não há, portanto, nem sujeito, nem objeto, mas objeto único que é sujeito único[2], o qual só existe negando-se a si mesmo. Ser o não-ser por meio da proibição de ser: o conflito cessa ao mesmo tempo que o desejo de ser. A depressão é conciliação de si na ausência de si e o impasse, essa dualidade interna que falta.

No que diz respeito ao trabalho analítico, é separando o Eu do superego que ele trata de introduzir novamente a dualidade. O superego, que envolve profundamente a problemática do corpo, revela-se um superego corporal. É o que indica, entre outros acontecimentos, o fato seguinte: pensando um dia em tocar piano com quatro mãos (já seria saudade da análise?) S. se sente à imagem do irmão maneta, que está com o braço efetivamente mutilado, e é ainda essa imagem truncada de si mesma que o espelho reflete: "quando me vejo de relance no espelho — pois não me olho — tenho a impressão, diz ela, de estar com o braço mecânico de meu irmão". Ter o corpo destruído, desaparecer com o marido desaparecido, é pelo meio do corpo que a necessidade de se punir realiza-se imediatamente. Mais uma vez, nenhuma distância entre a sentença e a execução, entre sentir e ser, entre o olhar que aniquila e o objeto aniquilado. Na origem dessa devastação que remonta à primeira infância, uma agressividade que, em torno dos três anos,

---

[1] S. Freud. "Deuil et mélancolie", in *Métapsychologie*, p.162, Gallimard, Paris, 1968.

[2] O sonho do advogado em *A caça ao Snark*, de Lewis Carroll, ilustra-o excelentemente. Uma audiência em que o Snark, esse símbolo algébrico não identificável, é sucessivamente o advogado, o júri e o juiz, antes que se descubra, no fim, que seu cliente, um porco condenado à vida por contumácia, já faleceu há muito tempo. Ver Lewis Carroll. *The hunting of the Snark*, Penguin Book, 1967.

Conclusão 161

visava uma mãe depressiva, toda preocupada com a morte iminente da própria mãe. Tudo se passa, então, como se, longe da análise, uma situação de luto não tivesse outra saída senão aquela que consiste em identificar-se com o superego corporal, com essa instância que suprime a morte, porque a causa, vence o tempo porque ela está fora do tempo. Não há mais desamparo de agora em diante, mas ausência de vida, o que se traduz, a uma só vez, pelo recalque dos sonhos e a ameaça do câncer. O fracasso do recalque, que caracteriza o funcionamento habitual em S., cede cada vez mais o lugar a outro funcionamento marcado pelo recalque persistente do imaginário. Durante o episódio que acaba de ser relatado e termina felizmente pela re-emergência da atividade do sonho — inicialmente de uma maneira hesitante, problemática, em que se toma ela mesma como objeto do sonho —, o processo somático, já legível no plano do funcionamento psíquico, acompanha os altos e baixos da relação com o imaginário. Tal processo acha-se, então, compreendido entre dois episódios em que a relação com o imaginário é positiva, ficando ele sinônimo de uma relação negativa com o imaginário. O trabalho analítico acaba com um impasse, cujos determinantes são aqueles que põem em confronto forças internas e cujo prolongamento tornaria irreversível a evolução psicossomática. Vê-se, portanto, delinear-se resumidamente a transformação de uma patologia em outra, conjuntamente com uma mudança sintomática, deixando entrever, para além de um simples incidente de percurso individual, que se trata realmente — como o confirma a experiência clínica, de uma nova dimensão no campo da patologia.

O que convém agora analisar com mais detalhes, relativamente à função do imaginário, é essa transformação de uma relação positiva numa relação negativa, por que se manifesta o domínio final do recalque.

No intervalo em que se efetua a mudança sintomática, observa-se a inclusão de um funcionamento em outro funcionamento como um parêntese encerrando outro parêntese. O que se produz, no entanto, não é a superação de uma sintomatologia por outra que a conserva e enriquece, mas o desaparecimento puro e simples do funcionamento anterior: os novos parênteses não contêm absolutamente nada. O recalque do imaginário, enquanto função, elimina, portanto, qualquer manifestação neurótica ou psicótica, reduzindo a nada as próprias possibilidades de conflito. Passagem ao limite em que se arrisca tudo, e último recurso para calar em si as vozes discordantes. A volta ao silêncio é presságio de morte, pois que o recalque cumpre o mesmo nivelamento ao qual de outro modo chega também, na realidade, o suicídio. Trata-se provavelmente aqui de uma reação de sobrevivência, a única talvez, que seja disponível na ocasião do desamparo.

Pode-se, então, introduzir uma distinção na massa dos fenômenos até agora subsumidos sob o conceito de formação caracterial. De fato, qualquer mudança de funcionamento, em que alternem recalque fracassado e recalque bem-sucedido, pode servir de critério para isolar, por um lado, o que se chama comumente de neurose de caráter e, por outro, o caráter propriamente dito, no qual tal alternância não se dá porque, desde o início, o recalque mantém a mesma constância. Já pertinente em si, essa distinção parece adquirir uma relevância ainda maior ao verificar-se que, no caso de sociedades como a do Egito, em que a tradição dos sonhos é tão viva que é impensável que não se sonhe, é ela que permite estabelecer uma ligação entre o somático e o cultural. As análises contidas em *Le banal*[3] devem novamente ser estendidas e matizadas, a fim de descobrir por que caminho o corpo real acaba por ser atingido, apesar da extraordinária presença da atividade onírica.

No contexto egípcio, duas possibilidades oferecem-se à análise e tanto uma como a outra postulam o livre acesso aos sonhos. Por um lado, um funcionamento tipicamente histérico, que deve subitamente enfrentar o imprevisível, aquilo a que nada o prepara, aquilo que o excede absolutamente, vai esgotar-se na reiteração de reações inadequadas cuja defasagem, cada vez mais sensível em relação àquilo que é exigido, provoca definitivamente uma situação de impasse. Nesse caso, por mais que ocorram sonhos, por

---

3 Sami-Ali. *Le banal*. Gallimard, Paris, 1980.

Conclusão

mais que os sintomas neuróticos se exacerbem, o que falta, antes de tudo, é a possibilidade de mudar, de livrar-se do feitiço, de sair do círculo vicioso. É o fato de querer escapar à estagnação esforçando-se por criar o diferente com o mesmo, por superar a repetição pela repetição, por modelar o futuro pelo passado. Resulta disso o desgaste do tempo e, ao mesmo tempo, a doença orgânica. Por outro lado, pode acontecer que um funcionamento psiconeurótico próximo da normalidade cesse bruscamente, por razões internas, de ter acesso aos sonhos. Doravante, o recalque prevalece e, no final das contas, é a passagem pelo corpo real. Darei a esse respeito duas ilustrações.

T. é um homem de meia-idade. Ele sofre de uma constipação crônica que, nesses últimos tempos, tem provocado crises agudas, acessos de angústia intolerável, em que podem ser reconhecidos os sinais precursores de uma outra sintomatologia que vem sub-repticiamente substituir a síndrome conversional. Se, por um lado, nesse caso, um tratamento exclusivamente sintomático, que se multiplica, circunscreve o problema sem resolvê-lo, a anamnese, por seu lado, permite imediatamente descobrir de que se trata. Uma série de mudanças para os noivos se adaptarem a uma vida cujo peso moral e material sentem diariamente coincide no Egito com o casamento convencional como existem muitos por lá. Isso acarreta a renuncia a coisas que proporcionam prazer, principalmente ao esporte e à fotografia. Mas a verdadeira mudança não está nisso, está na vida onírica que, há dez anos, exatamente desde o casamento, parou de existir. "Entendi isso, diz ele, como um sinal de tranquilidade de espírito". Os poucos sonhos que esporadicamente escapam ao recalque dizem respeito apenas ao trabalho. E ele conclui "Nego a mim mesmo qualquer prazer, mesmo em sonho. Proibi-me sonhar". Por isso, o recalque da função do imaginário anuncia uma mudança da sintomatologia, que de conversional transforma-se em orgânica.

V. é uma mulher de idade madura cujo diabete, surgido pouco tempo depois da morte do marido, não deixa de ser acompanhado por um transtorno interno total. Grande sonhadora, até então, reconhecida como uma pessoa dotada de sonhos premonitórios, incapaz de imaginar que não se pudesse sonhar, ei-la, bruscamente, levada à força a experimentar a fuga dos sonhos. É uma experiência sumamente "mutilante" porque, diz ela, "isso prova que meu cérebro não funciona". "Meu cérebro foi lavado", diz também, e nenhum vestígio persiste nele de uma vida onírica antigamente intensa, mas definitivamente ocultada. Tudo se passa doravante como se o sonho tivesse regressado para o pesadelo, um pesadelo repetitivo pontuado de estranhos apelos à mãe, esquecido por ela ao despertar, por sentir-se fora de si, exilada de si mesma, estranha num corpo estranho.

Assim, existem três formas maiores de patologia, respectivamente determinadas — com relação à função do imaginário — pelo fracasso do recalque, pelo sucesso do recalque e pela oscilação entre um e outro. Desta última forma depende uma nova visão que deveria esclarecer o emaranhado do somático e do cultural. São três formas de patologia que, finalmente, derivam de três funcionamentos distintos definidos pela relação com o imaginário, mas que só se tornam patológicos quando se imobilizam numa situação de impasse.

Bibliografia

ALEXANDER, F. *La médecine psychosomatique*, Payot, Paris, 1967.

ANZIEU, D. *Le Moi-peau*, Dunod, Paris, 1985.

BAHSON, C.-B. "Psychosomatic issues in cancer", *in* R.L. Gallon (Edit.), *Psychosomatic Approach to Illness*, Elsevier Biochemical, Nova York, 1982.

BAUMEYER, F. "Le cas Schreber", *in Le cas Schreber*, P.U.F., Paris, 1979.

BETTELHEIM, B. *La forteresse vide*, Gallimard, Paris, 1959.

BOSS, M. *Introduction à la médecine psychosomatique*, P.U.F., Paris, 1969.

BRISSET, J.-P. *Les origines humaines*, Baudoin, Paris, 1980.

BRISSET, J.-P. *Le mystère de Dieu est accompli*, Baudoin, Paris, 1983.

CARROLL, L. *The Hunting of the Snark*, Penguin Book, 1967.

FORD, C. *The Somatizing Disorders*, Elsevier Biomedical, Nova York, 1983.

FOULKES, D. "You think all night long", *in* R. Woods and H. Greenhouse (Edit.) *The New World of Dreams*, MacMillan, Nova York, 1974.

FREUD, S. et BREUER, J. *Etudes sur l'hystérie* (1893), P.U.F., Paris, 1956.

FREUD, S. "Quelques considérations pour une étude comparative des paralysies organiques et hystériques" (1893), *Gesammelte Werke, I*; Fischer, Frankfurt, 1972.

————. *L'interprétation des rêves* (1900), P.U.F., Paris, 1980.

————. *Trois essais sur la théorie de la sexualité* (1905a), Gallimard, Paris, 1962.

————. *Le mot d'esprit et ses rapports avec l'inconscient* (1905b), Gallimard, Paris, 1930.

————. "Fragment d'une analyse d'hystérie" (1905c), *in Cinq psychanalyses*, P.U.F., Paris, 1954.

————. "Le trouble psychogène de la vision dans la conception psychanalytique", *in Névrose, psychose et perversion* (1910), P.U.F., Paris, 1973.

————. "Le Président Schreber", *in Cinq psychanalyses* (1911), P.U.F., Paris, 1954.

————. "Pour introduire le narcissisme", *in La vie sexuelle* (1914), P.U.F., Paris, 1969.

————. "Pulsions et destin des pulsions", *in Métapsychologie* (1915a), Gallimard, Paris, 1968.

————. "Le refoulement", *in Métapsychologie* (1915b), Gallimard, Paris, 1968.

————. *Introduction à la psychanalyse* (1916-1917), Payot, Paris, 1966.

————. "Deuil et mélancolie", *in Métapsychologie* (1917), Gallimard, Paris, 1968.

GALLON, R.L. (Edit.) *Psychosomatic Approach to Illness*, Elsevier, Biochemical, Nova York, 1982.

GOROT, J. "Proccessus projectif et neuroleptiques", *Psychiatries*, 3, nº 45, 1981.

GRODDECK, G. *La maladie, l'art et le symbole*, Gallimard, 1969.

GUIR, G. *Psychosomatique et cancer*, Point hors ligne, Paris, 1983.

HALLAJ, *Poèmes mystiques*. Tradução, introdução e caligrafia por Sami-Ali, Sindbad, Paris, 1986.

HERON, W. "The pathology of boredom", in *Altered States of Awareness*, Freedom, São Francisco, 1970.

IZUTSU, T. *Le Koan Zen*, Fayard, Paris, 1978.

JONES, E. *Le cauchemar* (1931), Payot, Paris, 1973.

SAMI-ALI *L'espace imaginaire*, Gallimard, Paris, 1974.

——. *Corps réel - corps imaginaire* (1977), Dunod, Paris, Nouvelle édition, 1984.

——. *Le banal*, Gallimard, Paris, 1980.

——. "Penser le somatique", *Nouvelle revue de psychanalyse*, 25, 1982.

——. *Le visuel et le tactile. Essai sur la psychose et l'allergie*, Dunod, Paris, 1984.

——. "Une théorie psychossomatique de l'histérie", *Psychanalyse à l'Université*, outubro, 1985.

——. *De la projection. Une étude psychanalytique*, Dunod, Paris, 1986.

SCHREBER, P.-D. *Mémoires d'un névropathe*, Le Seuil, Paris, 1975.

SCHWARTZENBERG, L. *Requiem pour la vie*, Pré-aux-Clercs, Paris, 1985.

DE SEGONZAC, J. *Le délire et le deuil*, Calman-Lévy, Paris, 1981.

SELYE, H. *Le stress de la vie*, Gallimard, Paris, 1975.

SHIBATA, M. *Les maîtres du Zen au Japon*, Maisonneuve et Larose, Paris, 1976.

SIMONTON, O.C. et MATHEWS-SIMONTON, S. "A psychophysiological model for intervention in the treatment of cancer", in J.L. Gordon *et al.* (Edit.), *Mind, Body and Health*, Humans Sciences Press, Nova York, 1984.

SPERLING, M. *Psychosomatic Disorders in Children*, Aronson, Nova York, 1978.

SPITZ, R. *De la naissance à la parole*, P.U.F., Paris, 1965.

SYNODINOU, C. *L'autisme infantile*, Aubier, Paris, 1985.
THEVOZ, M. *L'art brut*, Skira, Genebra, 1980.
TUSTIN, F. *Autisme et psychose de l'enfant*, Le Seuil, Paris, 1977.
VERREY, M. *Lettre à Fritz Zorn*, L'Aire, Lausanne, 1980.
ZORN, F. *Mars*, Gallimard, Paris, 1979.
ZÜRN, U. *L'homme-jasmin*, Gallimard, Paris, 1971.